CLÁUDIO ALEJANDRO GARATE RAMIREZ

QUE IMAGEM VOCÊ QUER TER?

Relações interpessoais, liderança e formação de equipes

— Dinâmicas, Jogos, Vivências e Metáforas —

IDÉIAS & LETRAS

DIRETORES EDITORIAIS:
Carlos Silva
Ferdinando Mancílio

EDITORES:
Avelino Grassi
Roberto Girola

COORDENAÇÃO EDITORIAL:
Elizabeth dos Santos Reis

REVISÃO:
Ana Lúcia de Castro Leite
Elizabeth dos Santos Reis

PROJETO GRÁFICO E DIAGRAMAÇÃO:
Simone A. Ramos de Godoy

CAPA:
Marco Antônio Santos Reis

© Idéias & Letras, 2004

IDÉIAS & LETRAS

Rua Pe. Claro Monteiro, 342 — Centro
12570-000 – Aparecida-SP
Tel. (12) 3104-2000 – Fax. (12) 3104-2036
Televendas: 0800 16 00 04
Vendas@redemptor.com.br
http//www.redemptor.com.br

**Dados Internacionais de Catalogação na Publicação (CIP)
(Câmara Brasileira do Livro, SP, Brasil)**

Garate Ramirez, Cláudio Alejandro
Que imagem você quer ter?: relações interpessoais, liderança e formação de equipes: dinâmicas, jogos, vivências e metáforas / Cláudio Alejandro Garate Ramirez. – Aparecida, SP: Idéias & Letras, 2004.

Bibliografia
ISBN 85-98239-22-4

1. Autoconhecimento – Teoria 2. Comunicação interpessoal 3. Dinâmica de grupo 4. Equipes no local de trabalho 5. Liderança 6. Relações interpessoais I. Título.

04-6283   CDD-302

Índices para catálogo sistemático:

1. Relações interpessoais: Sociologia 302

Agradeço em primeiro lugar a Deus, por ter-me orientado na organização deste livro e por colocar em meu caminho os desafios que me enriqueceram pessoal e profissionalmente.

A minha esposa Terezinha, a meus filhos Cláudio, Camila, Carina e Christian.

Posso dizer que poucos têm o privilégio de ter uma família como a que Deus me confiou, onde posso entregar-me por completo e saber que, entre acertos e erros, somos enriquecidos na *diversidade* e fortalecidos no *amor*.

INTRODUÇÃO

Este livro é o resultado de quatro anos de experiências e pesquisas, e de cursos de relações interpessoais que ministro em colégios, faculdades e empresas.

Aqui o leitor vai encontrar textos, dinâmicas, contos, crônicas, distribuídos em três grandes grupos (Estudos / Contos e Metáforas / Dinâmicas), para facilitar a compreensão e o manuseio do livro. As respectivas bibliografias também são recomendadas.

É provável que se eu começar dizendo: "Estamos atravessando uma crise de valores morais, éticos etc.", isso não seja novidade para ninguém, é claro! E não deixa de ser verdade. Mas, graças a Deus, a humanidade está acordando e dando os primeiros passos para enfrentar essa realidade. Muito se falou, muito se estudou, mas pouco se fez até agora de forma concreta. Hoje, os grupos de ajuda mútua estão crescendo de forma acelerada, cada qual com seus interesses, crenças e filosofias, mas todos buscando melhorar os relacionamentos humanos.

E é nesse ponto que aparecem os problemas, e a forma como encaramos a realidade muda de pessoa para pessoa, de experiência para experiência, de agir para agir, pois somos seres únicos vivendo no mesmo meio. Isso certamente é uma fonte de conflitos, que devemos estar preparados para enfrentar, e uma das formas é conhecer nossas reações e prever as reações dos outros.

Não pretendo aprofundar-me em críticas, mas não posso deixar de dizer que a mídia tem uma grande fatia de culpa na inversão de valores. Estamos vivendo a geração do *Reality Show*, onde convivemos com os outros só por interesse, usamos e abusamos das pessoas, enquanto nos são úteis e úteis aos nossos objetivos, depois as descartamos de forma sumária, e ficamos com a sensação de ter agido corretamente. Fingimos ser o que não somos, e queremos ter coisas que no momento não estão ao nosso alcance. E pior ainda é quando vinculamos nossa felicidade às coisas externas, deixamo-nos ser manipulados como marionetes e depositamos nossos destinos em fantasias e sonhos.

Poderíamos perder-nos em filosofias e ficar culpando os outros dizendo *"a humanidade está cada dia pior"*, mas o que é a humanidade se não todos nós juntos?

Por isso você, assim como eu, somos protagonistas e propulsores da mudança, e o melhor caminho passa pelo autoconhecimento e o respeito à individualidade do outro. Seja você também um multiplicador de paz e felicidade, em sua casa, em seu trabalho, em seu colégio, em seu grupo social ou em qualquer lugar, e verá como você e o mundo a seu redor se transformam. Faça sua parte, eu faço a minha e somaremos forças, leia o texto a seguir:

Relações humanas

As seis palavras mais importantes:
"*Admito que o erro é meu*".
As cinco palavras mais importantes:
"*Você fez um bom trabalho*".
As quatro palavras mais importantes:
"*Qual a sua opinião?*"
As três palavras mais importantes:
"*Faça o favor*".
As duas palavras mais importantes:
"*Muito obrigado*".
A palavra mais importante:
"*Nós*".

(Silvio José Fritzen)

1ª Parte

1. RELAÇÕES INTERPESSOAIS

"Os grupos, enquanto equipes, precisam desenvolver uma comunicação aberta e transparente, criar oportunidades para aliviar as tensões, bem como sincronizar esforços para atingir suas metas."

As relações interpessoais desenvolvem-se em decorrência de um processo de interação. Elas ocorrem em diversas situações: no trabalho, no círculo de amizades, na convivência familiar e social, compartilhadas por duas ou mais pessoas, bem como em interações e sentimentos recomendados, tais como: cooperação, respeito, amizade.

Na medida em que as atividades e interações prosseguem, os sentimentos despertados podem ser diferentes dos indicados no início, e então inevitavelmente eles influenciarão as reações e as interações das próprias atividades. Dessa forma, sentimentos positivos de simpatia e atração provocarão aumento das reações e cooperações, fazendo com que o grupo reaja de forma mais agradável e produtiva. Por sua vez, sentimentos negativos de antipatia e rejeição tenderão à diminuição das interações, ao afastamento, à pouca comunicação, fazendo com que o grupo reaja de forma desfavorável nas atividades, com provável queda da produtividade.

Dessa forma, atividade + interação + sentimento não se relacionam diretamente com a competência técnica de cada pessoa. Pessoas e profissionais competentes, em suas relações e trabalhos, individualmente podem render muito abaixo de suas capacidades por influência do grupo, do ambiente e da situação em que se encontram.

Quando uma pessoa começa a participar de um grupo, há uma base interna de diferenças que engloba conhecimentos, informações, opiniões, preconceitos, atitudes, experiências anteriores, gostos, crenças, valores e estilos comportamentais. Tudo isso traz inevitáveis diferenças de percepções, opiniões, sentimentos em relação a cada situação compartilhada. Essas diferenças passam a construir uma realidade nova. A maneira como essas diferenças são encaradas e tratadas determina a modalidade de relacionamento entre os membros do grupo, colegas de trabalho, superiores e subordinados. Por exemplo: se no grupo há respeito pela opinião do outro, se a idéia de cada um é ouvida e discutida, estabelece-se uma modalidade de relacionamento diferente daquela em que não há respeito pela opinião do outro, quando idéias e sentimentos não são ouvidos ou são ignorados, quando não há troca de informações. A forma de exercer liderança com diferenças individuais cria certo clima entre as pessoas e tem forte influência sobre toda a vida do grupo, principalmente nos processos de comunicação, no relacionamento interpessoal, no comportamento familiar e organizacional, e na produtividade.

Se as diferenças são aceitas e tratadas em aberto, a comunicação flui facilmente, em dupla direção, as pessoas ouvem as outras, falam o que pensam e sentem, e têm a possibilidade de dar e receber *feedback*. Se as diferenças são negadas e suprimidas, a comunicação torna-se falha, incompleta, insuficiente, com bloqueios, barreiras, distorções e fofocas, as pessoas não falam o que gostariam de falar, nem ouvem as outras, só captam o que reforça sua imagem das outras situações.

O relacionamento interpessoal pode tornar-se e manter-se harmonioso e prazeroso, permitindo trabalho cooperativo, em equipe, com integração de esforços, conjugando as energias, conhecimentos e experiências para um produto maior que é a soma das partes, ou seja, a tão buscada sinergia, ou então, com efeito contrário.

Relações interpessoais e clima de grupo influenciam-se recíproca e circularmente, caracterizando um ambiente agradável e estimulante, ou desagradável e adverso, ou neutro e monótono. Cada modalidade traz satisfações ou insatisfações pessoais e grupais.

A liderança e a participação eficaz em um grupo ou time dependem essencialmente da competência interpessoal do líder ou facilitador, e dos membros do grupo. O trabalho em equipe só terá expressão real e verdadeira se e quando os membros do grupo desenvolvem sua competência interpessoal, o que lhes permitirá alcançar a tão desejada sinergia, em seus esforços colaborativos, para obter muito mais que a simples soma das competências técnicas individuais como resultado conjunto do grupo.

Um clima favorável de relações interpessoais em sinergia pode fazer a diferença entre uma pessoa bem-sucedida e uma pessoa que, literalmente, arrasta-se de forma lenta e pouco produtiva. Inevitavelmente teremos de falar em comunicação de forma clara e assertiva.

O QUE É COMUNICAÇÃO?

A palavra comunicação significa *tornar comum*, trocar informações, partilhar idéias, sentimentos, experiências, crenças e valores, por meio de gestos, atos, palavras, figuras, imagens, símbolos etc.; comunicar tem o sentido de participar e estabelecer contato com alguém em um intercâmbio dinâmico e interativo.

Esse conceito inclui também a persuasão e a influência sobre as outras pessoas. Aristóteles definiu comunicação como a busca de todos os meios de persuasão. Portanto, usamos todos os recursos de sintonia e compreensão mútua, para favorecer a integração social.

O homem deixa sua marca pela comunicação, seja esta verbal, não-verbal, física, visual. Até no silêncio transmitimos nosso desejo de comunicar alguma coisa. Isso nos torna fortes e vulneráveis ao mesmo tempo, pois muitas vezes não sabemos a forma nem o momento adequado de fazê-lo.

Cada vez que nos comunicamos de forma deficitária, podemos estar criando máscaras que no futuro serão difíceis de abandonar. Máscaras que no momento podem ser úteis podem tornar-se transtornos que nos obrigam a ser a pessoa que os outros esperam que sejamos, e não a que desejamos ser.

Pensando nisso, responda às questões a seguir:

• Você dá importância a sua comunicação pessoal?
• Está disposto a assumir 100% da responsabilidade pelo sucesso de suas comunicações?

• Sente-se valorizado em cada oportunidade de comunicação (no trabalho, na escola, em grupos de amigos, nos relacionamentos afetivos)?

• Você tem buscado superação pessoal para uma autoestima saudável?

• Tem usado seu poder comunicativo para o sucesso e o marketing pessoal?

• Você conhece e domina seu marketing visual (apresentação pessoal, vestuário, acessórios, regras de etiqueta)?

• Tem intimidade com seus gestos corporais, sabe interpretar os sinais que seu corpo emite, usa a linguagem corporal com desenvoltura?

• Sente-se bem informado sobre tudo o que permeia o novo milênio?

• Você se interessa pelo comportamento humano e suas variações?

Essas reflexões podem trazer à tona uma gama de aspectos que facilitam a forma de encarar e melhorar sua comunicação. Quando refletir, não use máscaras nem dê desculpas para suas reações indesejadas. Para nos tornarmos mais assertivos em nossas comunicações são indispensáveis a clareza e as transparências diante de acertos e erros.

O PODER DA PALAVRA

Quando escolhemos as palavras que vamos usar, estamos escolhendo a forma como queremos que os outros nos interpretem. Por esse motivo, as palavras exercem uma influência direta em nossas relações interpessoais e são impreterivelmente uma das chaves para o sucesso.

As palavras mostram quem o ser humano é, o que ele pensa, sente e sonha. São fios de energia que tecem e dão forma aos pensamentos, tornando-os mais concretos. Têm cheiro, cor, musicalidade, textura, gosto e personalidade. Elas se sustentam como forma de individualização, em que o homem se mostra na singularidade de seu ser. Têm também o poder de mudar o rumo de uma vida, provocar rupturas, criar conexões, conduzir ao caos, despertar sensibilidade, iniciar a ação, enfim, de consolidar-se através de cada um. As palavras que escolhemos para viver influenciam nosso destino. Muda o ser humano, muda a palavra!

É a importância da comunicação que determina que a palavra deve ser, acima de tudo, ética e construtiva. Cada pessoa pode dar valor positivo a suas palavras e contribuir para a confiança e a paz da obra coletiva e social.

Para uma comunicação de qualidade, não basta falar bonito, construir frases bem elaboradas, seguir corretamente as regras gramaticais, utilizar figuras de linguagem e outros processos. É preciso muito mais! Mobilizamos nossos recursos internos e externos para facilitar a arte da comunicação, que não é uma simples troca de palavras, mas um encontro, a troca democrática de idéias sem julgamento preconceituoso, em um clima saudável de confiança.

Reflita com sinceridade:

• Até que ponto estou comprometido com a busca de uma comunicação livre, sem distorções e obstáculos?

• Até que ponto estou ampliando minhas potencialidades verbais e não-verbais?

• Até que ponto tenho me permitido ser quem realmente quero ser?

- Até que ponto deixo que os medos e as inseguranças sejam mais fortes que minha coragem de administrá-los?
- Até que ponto há coerência entre o que digo, o que penso e o que faço?
- Até que ponto minha imagem externa corresponde ao que percebo a meu respeito?
- Até que ponto saboto, com pequenas armadilhas, minhas chances de sucesso e bem-estar?
- Até que ponto meu carisma pessoal está sendo lapidado, com inteligência e determinação, para me tornar uma pessoa melhor?
- Até que ponto valorizo meu compromisso com o mundo?

EU X OS OUTROS

Ninguém é bom ou excelente sozinho: há sempre alguém, um referencial, um suporte, uma estrutura, que incentivam e impulsionam para a realização.

Como viver e trabalhar bem com os outros? Como entender os outros e fazer-se entender? Por que os outros não conseguem ver o que eu vejo, como eu vejo? Por que não percebem a clareza de minhas intenções, ações e comunicação? Por que os outros interpretam de forma errada meus atos e minhas palavras? Por que não podemos ser objetivos no trabalho e deixar os problemas pessoais do lado de fora?

"Vamos ser práticos e deixar os sentimentos de lado"; é claro que isso é impossível, somos seres únicos e individuais, mas somos completos em todas as situações, não podemos deixar nosso lado profissional fora de casa, nem nosso lado como pai, como mãe, como filho fora do trabalho.

Por isso a convivência humana é difícil e desafiante. Muitas pessoas, através dos tempos, têm abordado a problemática das relações humanas. Estaremos realmente condenados a sofrer com os outros? Ou podemos ter esperança de alcançar uma convivência satisfatória e produtiva?

Pessoas convivem e trabalham com pessoas e portam-se como pessoas, isto é, reagem às outras pessoas com as quais entram em contato: comunicam-se, simpatizam e sentem atrações, antipatizam e sentem aversões, aproximam-se, afastam-se e entram em conflito, competem, colaboram e desenvolvem afeto.

Essas relações, voluntárias ou involuntárias, intencionais ou não, constituem o processo de relações humanas, em que cada pessoa na presença de outra pessoa não fica indiferente a essa situação de presença estimuladora. O processo de relação humana é complexo e ocorre permanentemente entre pessoas, sob forma de comportamentos, manifestos e não-manifestos, verbais e não-verbais, pensamentos, sentimentos, reações mentais e/ou físico-corporais.

Assim, um olhar, um sorriso, um gesto, uma postura corporal, um deslocamento físico de aproximação ou de afastamento constituem formas não-verbais de relações entre pessoas. Mesmo quando alguém vira as costas ou fica em silêncio, isso também é interação — e tem um significado, pois comunica algo aos outros. O fato de sentir a presença dos outros já é uma relação.

A forma de relação humana mais freqüente e usual, contudo, é representada pelo processo amplo de comunicação, seja verbal ou não-verbal.

2. PAPÉIS CONSTRUTIVOS E NÃO-CONSTRUTIVOS

"O homem é caracterizado como gente por sua identidade, pelos papéis que desempenha e por suas qualidades e defeitos."

As pessoas realizam-se nos contextos comunitários em que estão inseridas, tanto para dar respostas às exigências profundas de seu eu social, quanto para suprir suas necessidades existenciais. Assim são elas: dependentes e carentes do convívio com as outras pesssoas. Elas revelam nos grupos características que lhes são peculiares, como: interesses e aptidões, intenções e desejos, inibições e frustrações, expectativas, medos etc. Por que as pessoas reagem tão diferentemente às várias idéias e situações que acontecem nesses grupos ou em seus ambientes?

Essas características são acentuadas exatamente no desempenho de papéis no dia-a-dia. *Papéis construtivos* (qualidades, virtudes) e *papéis não-construtivos* (defeitos, atitudes nocivas). Vejamos alguns desses papéis.

Papéis construtivos

Conciliador: busca um denominador comum. Quando em conflito, aceita rever sua posição e acompanha o grupo para não chegar a um impasse; ajuda a buscar alternativas de solução comum a todos.

Animador: demonstra afeto e solidariedade aos outros membros do grupo, bem como compreensão e aceitação de outros pontos de vistas, idéias e sugestões, concordando, recomendando e elogiando as contribuições dos outros. É ativo, proativo, entusiasta e festivo.

Ouvinte interessado: acompanha atentamente as atividades do grupo e aceita as idéias dos outros, servindo de auditório e apoio nas discussões e decisões do grupo. Fala menos e faz intervenções inteligentes, procurando sempre agregar.

Mediador: resolve as divergências entre todos os membros, alivia as tensões nos momentos mais difíceis, intercede com palavras de ânimo e encorajamento.

Papéis não-construtivos

Dominador: procura afirmar sua autoridade ou superioridade dando ordens incisivas, interrompendo os demais, manipulando o grupo ou alguns membros, sob a forma de adulação, afirmação de *status* superior etc. Sua verdade é única e não aceita argumentação de terceiros.

Criador de obstáculo: discorda e opõe-se sem razão, mantendo-se teimosamente negativo até à radicalização, obstruindo o progresso do grupo, mesmo após uma decisão ou solução já atingida. Não importam a situação ou o tema discutido: ele é sempre "do contra".

Dependente: busca ajuda, sob a forma de simpatia dos outros membros do grupo, mostrando insegurança, autodepreciação e carência de apoio. Adota, freqüentemente, a postura de vítima.

Agressivo: ataca o grupo ou assunto, fazendo ironia ou brincadeiras agressivas, mostrando desaprovação dos valores, atos e sentimentos dos outros. Costuma usar franqueza depreciativa.

Vaidoso: procura chamar a atenção sobre si de várias maneiras, contando suas realizações pessoais e agindo de forma diferente, para afirmar sua superioridade e suas vantagens em relação aos outros.

Reivindicador: manifesta-se como porta-voz dos outros, de subgrupos ou classes, revelando seus verdadeiros interesses pessoais, preconceitos ou dificuldades. Aparentemente dá uma de "bonzinho", porém, ele está preocupado é consigo mesmo, em buscar vantagens pessoais.

Gozador: aparentemente agradável, entretanto evidencia seu completo afastamento do grupo, podendo exibir atitudes cínicas, desagradáveis. Indiferente à preocupação e ao trabalho, por meio de poses estudadas de espectador, tem sempre uma piada ou um comentário "engraçado" ou pejorativo. Na verdade, tudo isso faz para chamar atenção para si.

Confessante: usa o grupo como platéia ou assistência para extravasar seus sentimentos, suas preocupações pessoais ou sua filosofia, que nada têm a ver com a disposição ou orientação do grupo na situação-momento. Aproveita todos os momentos que pode para "alugar" o grupo e fazer longos relatos e desabafos.

É importante salientar que essa classificação não poderá ser rigidamente aplicada. Talvez, ao ler essas características você já tenha incluído algumas pessoas que conhece, quem sabe até você mesmo. Esses papéis não podem ser julgados em termos absolutos, imutáveis. Dependendo do contexto e das circunstâncias em que o grupo se encontre, um papel se apresentará como sendo *construtivo* ou *não-construtivo*. De seu discernimento e do amor pelo outro depende a conciliação desses papéis, em uma interpretação harmoniosa e agradável.

POR QUE NÃO AO "NÃO" E À LINGUAGEM NEGATIVA?

A linguagem tem por objetivo a comunicação entre os seres humanos, portanto, quanto mais precisa for a linguagem, melhor será o resultado de nossa comunicação. O que é a palavra **não**? Uma abstração. O "não", por si só, não diz nada, logo o cérebro fixa-se no que vem depois do **não**.

Nossas mentes para saber em que não pensar, precisam primeiro pensar.

- Não pense em um balão amarelo.
- Não pense em uma saborosa maçã vermelha.
- Não pense em um abacaxi azedo, muito azedo, bem azedo mesmo...

Agora perceba:

- Pense em um balão amarelo.
- Pense em uma maçã vermelha.
- Pense em um abacaxi azedo, muito azedo, bem azedo mesmo...

Analise as frases acima. Em que você pensou quando leu uma e leu outra?

Na mesma coisa, não foi?

Por isso, quando queremos obter um bom resultado, o melhor é nos referirmos ao que queremos, por exemplo:
- Em caso de incêndio, use a escada.

É muito comum encontrarmos em muitos prédios: "Em caso de incêndio, não use o elevador".

Principalmente em uma situação de pânico, é muito mais difícil e demorado pensar primeiro no que não fazer para depois pensar no que fazer. A linguagem mais rápida e que obtém melhores resultados é a linguagem afirmativa; dizer o que deve ser feito.

O uso de uma linguagem negativa provoca o comportamento que se quer evitar.

É muito comum encontrarmos nos caixas eletrônicos um adesivo em que está escrito:
- Não se esqueça de retirar o cartão.

E, também, é muito comum encontrarmos os cartões esquecidos no caixa eletrônico. Se a linguagem do adesivo for mudada, será mais fácil atingir o objetivo: "Lembre-se de retirar o cartão".

Nos shoppings onde o estacionamento é pago, encontramos cartazes espalhados por todo lado, dizendo: "Não se esqueça de validar o cartão de estacionamento". E estamos constantemente encontrando pessoas voltando do estacionamento que fizeram o quê? Esqueceram de validar o cartão.

O adequado é: "Lembre de validar o cartão de estacionamento".

Você já teve, provavelmente, a experiência de pensar em "Não posso esquecer de..." e obter o resultado de esquecer exatamente aquilo que na realidade você queria lembrar.

Qual o resultado que a campanha "Não use drogas" vem obtendo?

O consumo de drogas vem aumentando ano após ano. Além da palavra não, quanto mais a palavra droga é utilizada, mais é repetida, mais ela é reforçada e lembrada, levando muitos adolescentes a ficar cada vez mais curiosos a respeito, pois, muitas vezes, é por ser tão falada que eles decidem experimentá-la.

Há pouco tempo foi veiculada na televisão uma campanha: "Se beber, não dirija".

Você não acha que seria mais adequado dizer: "Se beber álcool, chame um táxi ou peça uma carona".

O foco de uma campanha deve estar no objetivo a ser lançado e colocado em linguagem afirmativa.

Em vez da campanha pela *não-violência,* uma *Campanha pela paz* é muito mais eficaz, como a que motivou a população de São Paulo. A não-violência, na realidade, traz à mente imagens e situações de violência, que queremos evitar; e afasta as pessoas em vez de motivá-las. E, ainda, faz com que pensemos em violência em vez de paz.

Nunca, evite e *outras negativas* têm o mesmo efeito que um não: "Nunca tranque o cruzamento, evite trancar o cruzamento ou não tranque o cruzamento" fazem-nos pensar na mesma coisa: trancar o cruzamento.

"Deixe o cruzamento livre" é a linguagem afirmativa, objetiva e eficaz.

Você diria a alguém:

"Pinte esta parede de não verde" (qualquer cor, menos verde?)

ou, "não pinte esta parede de verde" (não é para pintar, ou não de verde? Ou de que cor?)

Exemplos com crianças:

"Não mexa nisto", melhor é dizer: "Vá brincar com aquilo".

"Cuidado para não cair, olhe o degrau, preste atenção na escada".

Em algumas situações, porém, é mais adequado usar o *não*:
- Você não precisa comer toda a comida que está no prato (se você quer que a criança coma toda a comida).
- Você não precisa ir estudar agora (se você quer que ela vá estudar agora).

São situações em que desejamos que a pessoa faça o que estamos dizendo para não fazer.

Todos nós conhecemos pais, gerentes e outras pessoas que, querendo ajudar, nos dizem e aos outros o que não fazer. O que fazem, de forma inconsciente, é chamar nossa atenção exatamente para o que não queriam que fizéssemos. "Não se preocupe", "Não entre em pânico", "Não fique aborrecido", "Não acho que você seja chato". Usar a linguagem negativa consigo mesmo é algo que a maioria das pessoas faz. "Não vou pensar mais nisso" e continuamos pensando. "Evite comer doces se quer emagrecer", só para citar alguns exemplos. Existe a tendência a pensar no que não queremos fazer e, em seguida, muitas vezes, começar a fazê-lo.

EXERCÍCIO

De agora em diante, em vez de você dizer o que você não quer, pode dizer o que quer. Tente isso ao longo da semana. Observe sua maneira de pensar e agir. Pense em uma frase negativa que você vem dizendo a si mesmo e experimente transformá-la em afirmativa.

Em vez de dizer: "Não quero comer doce" ou "Não quero engordar", tente dizer: "Quero comer comidas saudáveis" ou "Quero emagrecer". Isso não só é agradável como, na verdade, reprograma sua mente e prepara você para um número maior de realizações, focalizando as coisas positivas que quer que aconteçam.

Se você aplicar isso em sua vida, em breve vai começar a obter os resultados que deseja.

Transformando frases negativas em afirmativas

Preserve a intenção da frase, redija cada frase abaixo de forma positiva (todas as frases são contextos reais).

- Não use o elevador em caso de incêndio.
- Não ponha as mãos no vidro.
- Nunca tranque o cruzamento.
- Evite pisar na grama.
- Favor não jogar papel no vaso.
- Não entre sem limpar os pés.
- Você nem deverá sentir-se culpado.
- Nunca atravesse quando o sinal indicar vermelho.
- Não deixe ao alcance das crianças.
- Proibida a entrada de menores de 18 anos.

- Não tomar este medicamento antes das refeições.
- Cuidado para não cair.
- Se não for dormir agora, vai estar com sono amanhã.
- Se você não estudar, não vai passar.

A JANELA DE JOHARI

Modelo elaborado pelos Drs. Joseph Luft e Harry Ingham. O termo "Johari" foi obtido a partir da junção dos dois nomes dos autores — Joseph e Harry.

Em suas relações interpessoais o indivíduo apresenta quatro facetas diferentes (quadrantes), como se vê na figura que segue: o "eu aberto", o "eu fechado", o "eu cego" e o "eu desconhecido".

As duas áreas da figura, o "eu aberto" e o "eu fechado", correspondem às partes conhecidas pela própria pessoa. As áreas o "eu cego" e o "eu desconhecido" são por ela ignoradas.

O EU RECEBE FEEDBACK ⟶		
O EU DÁ FEEDBACK	Conhecido pelo Eu	Desconhecido pelo Eu
Conhecido pelos outros	**1** EU ABERTO	**3** EU CEGO
Desconhecido pelos outros	**2** EU FECHADO	**4** EU DESCONHECIDO

• **O quadrante 1**, do "eu aberto", representa os aspectos da personalidade de que o indivíduo tem conhecimento e aceita compartilhar com os outros. Segundo pesquisas, a produtividade e a eficácia estão relacionadas à quantidade de informações possuídas mutuamente em um relacionamento, ou seja, dependem de uma maior área aberta. Quanto menor a área aberta no relacionamento interpessoal de um grupo ou organização, menor sua eficácia.

• **O quadrante 2**, do "eu fechado", representa os aspectos que a pessoa conhece, mas consciente e deliberadamente esconde dos outros por motivos diversos, tais como: insegurança, status, medo da reação, medo do ridículo etc. Essa região constitui a chamada fachada em que o indivíduo se comporta de maneira defensiva. A defesa é inerente a toda pessoa. Mas a questão é saber qual a quantidade de defesa tolerável que não iniba o inter-relacionamento nem impeça seu crescimento.

• **O quadrante 3**, do "eu cego", refere-se àquilo que inconscientemente escondemos de nós mesmos, que faz parte de nossa personalidade e é comunicado aos outros por meio de nossas atitudes desconhecidas por nós mesmos. As pessoas falam por meio de tudo e não apenas por palavras. Em suas atitudes e em seus comportamentos muita coisa é transmitida, sem que o próprio indivíduo perceba.

• **O quadrante 4**, do "eu desconhecido", é a área desconhecida pelo próprio e pelos outros. Nelas estão incluídas as potencialidades, os talentos, as habilidades ignoradas, os impulsos e os sentimentos mais profundos e reprimidos, a criatividade bloqueada. Como exemplo da área desconhecida, pesquisadores em Criatividade afirmam que, em geral, utilizamos apenas cerca de 15 ou 20 por cento de nosso potencial criativo. O quadrante 4 pode tornar-se conhecido à medida que aumenta a eficácia interpessoal dentro de um processo dinâmico.

— Não obstante o quadro estático na representação gráfica, o modelo da Janela de Johari é bastante dinâmico e pode ser combinado diferente, de acordo com o estilo de cada indivíduo.

— Os quadrantes não são estáticos e podem variar de dimensão. O inter-relacionamento grupal pode aumentar a região do "eu aberto". Esse alargamento ocorre com a redução da fachada: aumenta a confiança grupal e o indivíduo comporta-se de maneira menos defensiva e disposto a correr riscos. Esse processo é chamado pelos criadores da Janela de Johari, Luft e Ingham, de exposição. Ele implica em uma abertura de sentimentos e de conhecimentos pertinentes, com diminuição progressiva do "eu oculto".

— Igualmente, o "eu cego", dentro de um processo dinâmico, pode diminuir cada vez mais com a boa vontade estabelecida de lado a lado.

— Do lado do indivíduo, a superação das barreiras defensivas facilita-lhe realizar o feedback, aceitando as informações e avaliações grupais e se vendo como é visto pelos outros.

— Do lado do grupo, a maior cooperação e o clima de confiança possibilitam a maior transmissão de dados. Em uma palavra, a superação do "eu cego" só é possível com a queda das defesas rígidas e com o estabelecimento da confiança grupal.

— O objetivo de uma dinâmica de grupo é aumentar o "eu aberto" dos indivíduos, diminuindo o "eu fechado" e o "eu cego", e conseqüentemente, descobrindo e explorando mais o "eu desconhecido" de cada um.

Combinando os quatro quadrantes, é possível estabelecer quatro estilos diferentes de relacionamento.

Tipo A

É o estilo bastante impessoal de relacionamento, com o mínimo de exposição e o mínimo de feedback. A área do "eu aberto" é muito pequena e o "eu desconhecido" é a área dominante. As pessoas que usam esse estilo são retraídas, distantes e fechadas.

Esse tipo de pessoa é mais encontrado em organizações burocráticas. Por seu aspecto de relacionamento muito frio e impessoal, as pessoas que adotam esse estilo provocam muita hostilidade, pois põem barreiras às necessidades de comunicação dos outros.

Tipo B

Como no primeiro caso, é um estilo também avesso à exposição, sendo o "eu fechado" a área dominante por causa de uma desconfiança básica nos outros. A fachada é grande e nada de pessoal é comunicado.

Ao contrário do tipo A, esse tipo utiliza excessivamente o feedback no desejo de estabelecer relacionamento. Sua falta de confiança provoca a desconfiança dos outros membros, gerando também sentimentos de desprezo e de hostilidade. Esse estilo é adotado pelas pessoas inibidas que bloqueiam sua comunicação pessoal, particularmente quando estão em grupo. Preferem falar pouco e ouvir muito. Estão muito atentas ao que passa, mas ninguém sabe o que elas pensam.

Tipo C

Ao contrário do tipo B, esse estilo baseia-se no uso excessivo da exposição, em detrimento do feedback.

O "eu cego" é a área dominante, por isso a pessoa não se dá conta do impacto negativo que transmite aos outros. Ela reflete muita necessidade de afirmação e pouca confiança na opinião alheia. As próprias opiniões são muito valorizadas. Esse é o estilo característico dos autocratas.

As outras pessoas sentem-se desconsideradas pelo indivíduo que apresenta esse estilo. Acham que ele não dá atenção a suas contribuições e não se preocupa com seus sentimentos. Por isso alimentam freqüentemente em relação a ele sentimentos de hostilidade, insegurança e ressentimentos. Em contrapartida, aprendem a se comportar de forma a perpetuar o "eu cego" do indivíduo, privando-o de informações importantes ou fornecendo-lhe apenas um feedback seletivo.

Tipo D

Nesse estilo, que é o ideal, os processos de exposição e de feedback são bastante usados e de maneira equilibrada. Procede-se com sinceridade e honestidade e, ao mesmo tempo, com sensibilidade em relação aos outros. O "eu aberto" é o quadrante dominante no relacionamento. Graças a sua atuação, o quadrante do "eu desconhecido", próprio e dos outros, pode ser progressivamente descoberto e aproveitado.

De início, esse estilo pode provocar certa atitude defensiva dos outros, por não estarem acostumados a relacionamentos baseados na sinceridade e na confiança. Mas a perseverança tende a promover uma norma de sinceridade recíproca com o passar do tempo, possibilitando a obtenção de confiança e o aproveitamento do potencial criativo.

	TIPO A		TIPO B
	TIPO C		TIPO D

▌O FEEDBACK DE QUALIDADE DEVE TER

Construtividade

É o fator número 1. Deve ficar bem claro, por meio de clima positivo criado, que ao dar o feedback a intenção é contribuir para melhorar e desenvolver o outro e não usar o feedback como pretexto para atacar, diminuir ou derrubar ("fodeback").

Transparência

Expressar realmente o que pensa e sente. "Amigo é o que diz o que precisamos ouvir e não o que gostaríamos de ouvir."

Falar de forma clara, evitando obscuridades. Dar exemplos,

ajudando a parte interessada a aprender melhor. Saber ir aos pontos mais importantes e prioritários, evitando prolixidade, detalhes sem importância ou excesso de feedback de uma só vez.

Sensibilidade e tato

É preciso dizer a verdade mas com sensibilidade e habilidade, de forma a não estimular e provocar atitudes defensivas. O ser humano é por natureza defensivo. Necessário se torna saber expressar as verdades incômodas, de forma a ser de fato ouvido, conseguindo receptividade.

Confiança

Tentar ganhar a confiança da outra parte de modo que ela se desarme e se predisponha a ouvir. A melhor forma é dar exemplo, sabendo ouvir e expor-se.

Positividade

Dar feedback não é apontar somente os pontos negativos ou a melhorar.

Reconhecer os pontos fortes/positivos é fundamental do ponto de vista psicológico. É o reconhecimento do que a pessoa tem de bom, que dá a ela a força e a segurança para ouvir sobre o que tem a melhorar.

Senso nas colocações

Ter o senso exato do que se afirma, evitando julgamentos radicais e generalizados. Em vez de afirmar: "Você é isto", dizer: "Está se comportamento de tal forma" é diferente.

Iniciativa

Sempre que necessário, tomar a iniciativa para receber ou dar feedback. Não esperar que os outros venham primeiro.

Demostrar que ele será sempre bem recebido. Igualmente, tomar a iniciativa para dar feedback sempre que necessário, sem esperar que primeiro seja pedido.

Não adianta só ouvir, entender e aceitar. É preciso agir com determinação, estabelecendo um plano de ação, começando por atacar o que for mais importante e prioritário: o que, como e quando. Buscar ajuda quando necessário.

Persistência e continuidade

Repetir o feedback tantas vezes quanto for necessário. Apesar da boa intenção, as recaídas fazem parte do ser humano. A prática do feedback deve ser constante.

▌FATORES QUE PREJUDICAM O FEEDBACK

A. Quem dá o feedback

Postura negativa

Apontar apenas os pontos negativos, aqueles que deixam a desejar, sem reconhecer os pontos positivos.

Usar o feedback como arma para diminuir ou derrubar o opositor/competidor a quem se dá feedback.

Colocações agressivas ou frias

Falta de tato e sensibilidade ao dar feedback sem preocupar-se com a forma de expressar-se e como a pessoa vai receber e entender.

Julgamentos radicais

Em vez de dizer: "Você me passa tal impressão ou está agindo assim", fazer afirmações categóricas e generalizadas: "Você é isto".

Colocações excessivamente políticas e sem autenticidade

Por insegurança ou por interesse, não expressar o que pensa ou sente, mas o que "pega" melhor ou o que a outra parte quer ouvir. É o que acontece em geral quando liderados dão feedback para líderes autoritários e temíveis.

B. Quem recebe o feedback

Postura defensiva / falta de receptividade

Encarar o feedback como um ataque e não como uma contribuição, fechando-se em uma posição defensiva. Pessoas que têm fantasias persecutórias são as mais defensivas. Tudo é vivido como ataque ou perseguição.

Usar o feedback como arma para diminuir ou derrubar o opositor/competidor a quem se dá feedback.

Auto-suficiência / sou dono da verdade

Essas pessoas muito auto-suficientes mantêm-se muito fechadas e têm um "eu cego" grande, rejeitando qualquer feedback: "Não é nada disto" ou "não concordo". Aceitam apenas feedback positivo ainda que não verdadeiros.

Insegurança

Medo de ouvir feedback de pontos não positivos ou a melhorar, achando que vai ficar arrasado e nada vai sobrar.

Teimosia

Teimar contra a evidência e contra todos: "Não é, não é, não é".

Escutar sem ouvir e sem processar

Escutar superficialmente sem aprofundar nem processar,

não trabalhando o que foi ouvido. Tudo morre ali e nada muda.
Representar. Fazer de conta que ouve e aceita para impressionar, sem de fato aceitar internamente.

Não partir para a ação
Pode-se até aceitar bem e ouvir, mas sem tomar atitudes concretas para mudar e melhorar. Não se estabelece um plano de ação: "O que precisa mudar e o que vou fazer para isto". É a consciência sem a conscientização.

EXERCÍCIO
Autopercepção

0	1	2	3	4	5	6	7	8	9
1									
2									
3									
4									
5									
6									
7									
8									
9									

Duas indagações o ajudarão a uma auto-análise em relação aos dois processos. Pense alguns minutos, separadamente, nas duas indagações e assinale sua posição nas respectivas escalas.

1. Até que ponto eu desejo e estimulo os outros a me darem informações sobre meu comportamento?

2. Até que ponto eu me exponho, revelando aos outros opiniões, sentimentos e motivos de meu comportamento?

Heteropercepção

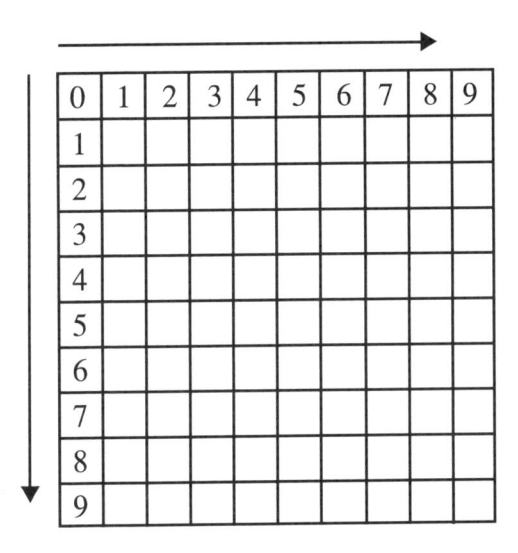

	0	1	2	3	4	5	6	7	8	9
1										
2										
3										
4										
5										
6										
7										
8										
9										

O que será que a pessoa escolhida pensa sobre você?

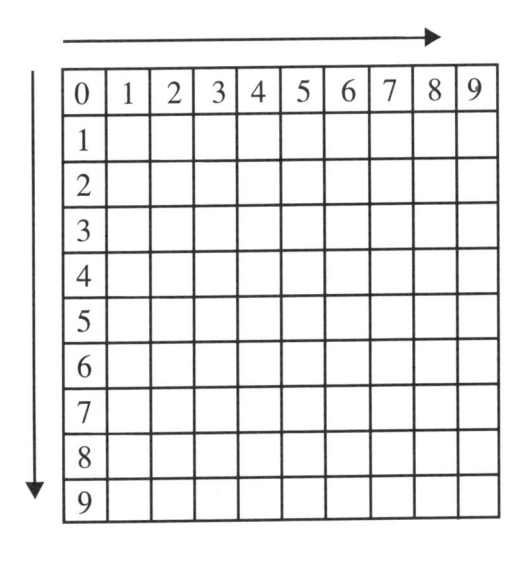

	0	1	2	3	4	5	6	7	8	9
1										
2										
3										
4										
5										
6										
7										
8										
9										

Escolha uma pessoa do grupo para a troca de feedback. Pense como essa pessoa utiliza os dois processos, posicionando-a nas duas escalas. Essa pessoa fará o mesmo em relação a você.

1. Até que ponto seu par (a pessoa escolhida) deseja e estimula os outros a lhe darem informações sobre seu comportamento?

2. Até que ponto seu par se expõe, revelando aos outros opiniões, sentimentos e motivos sobre seu comportamento?

3. QUEM É O FACILITADOR DE GRUPO?

"As águas de um rio, quando represadas e canalizadas, transformam-se em forças produtivas, a serviço da vida. Isso porque a dinâmica das águas é comandada. Não comandadas ou mal comandadas, irrompem de forma selvagem, transformando-se em destruição e desolação. Assim nos agrupamentos humanos, as energias fabulosas que emanam tomarão os rumos da comunicação, da cooperação e da integração, ou, então, do conflito, da agressividade e da desagregação, dependendo do tipo de comando ou de liderança que neles exercem."

Cada atividade, cada projeto ou cada evento que envolvem pessoas, geralmente estão permeados ou orientados por um planejamento que, naturalmente, foi coordenado por alguém. No trabalho específico com um grupo (e falamos aqui do momento em que as pessoas se encontram, se conhecem, se integram e, a partir de então, produzirão algo, juntas), existe um personagem imprescindível ao processo de desenvolvimento desse grupo. Esse personagem pode ser o próprio líder do grupo. A ele chamamos de facilitador. Afinal, quem não gosta de ficar perto de quem facilita a vida, os processos e a comunicação?

Alguns autores denominam a pessoa que conduz as atividades de um grupo animador de moderador ou coordenador. A própria palavra facilitador já o descreve, em síntese: tornar fácil a comunicação, o conhecimento, a integração, enfim, favorecer o relacionamento entre os membros do grupo, ser mediador em todas as situações geradas no grupo, sejam de cunho pessoal ou pertinentes ao trabalho que estiver sendo iniciado ou desenvolvido.

Em nosso contexto de trabalho com grupos, o facilitador deve exercer o papel de educador, de incentivador, buscando trabalhar as habilidades e atitudes das pessoas, para gerar os comportamentos desejáveis às novas situações. Enquanto educador, o facilitador deve conduzir um grupo, buscando possibilitar uma ação construtiva de aprendizagem, oferecendo às pessoas espaços e orientação para que elas possam, com autonomia, desenvolver todas as suas potencialidades, integrando ao saber que já têm os novos conhecimentos que desenvolvem a cada dia.

REQUISITOS BÁSICOS PARA O BOM DESEMPENHO DO FACILITADOR

- Saber ouvir e interpretar, de forma esclarecedora.
- Ter habilidade para sintetizar, clara e objetivamente.
- Estar sensível aos movimentos do grupo.
- Procurar trazer e manter os comentários dentro do contexto.
- Estabelecer uma comunicação clara e objetiva.
- Manter coerência entre a verbalização e a postura profissional.
- Respeitar e manter sigilo absoluto sobre tudo o que for abordado durante as atividades do grupo.

- Procurar não fazer comentários fora do ambiente grupal.
- Promover um relacionamento agradável com todos os membros do grupo.
- Estar aberto às opiniões contrárias.
- Compartilhar o comando das atividades do grupo.
- Permitir um ambiente espontâneo e de livre expressão.
- Não subestimar o potencial do grupo nem criar rótulos.
- Procurar conhecer, previamente, as características ou o contexto do grupo.
- Evitar aplicar a "técnica pela técnica" (qualquer dinâmica, vivência ou jogo tem seu significado, suas variadas e possíveis conseqüências, que podem desencadear situações de constrangimento ou de forte impacto emocional).
- Compartilhar, se possível, com outro colega facilitador, suas expectativas, suas inseguranças ou os objetivos que pretenda alcançar com o grupo. É sempre bom ouvir outra opinião.
- Ser paciente, principalmente quando o grupo resolve ficar em silêncio ou reage com monossílabos, risos, gestos de tensão, críticas, ansiedade. Aguardar o momento certo para falar, sem criar expectativa de que, necessariamente, as pessoas têm de verbalizar alguma coisa.
- Procurar não se comprometer, não passar crenças pessoais nem polemizar com alguém que está ali contra a vontade ou que já chega discordando.
- Ser prudente, relaxar e deixar que o próprio grupo (que é sempre sábio) estabeleça e componha o clima do encontro.
- Habituar-se a trabalhar proativamente, fazendo, sempre de véspera, um "check-list" das tarefas/providências que serão desenvolvidas.

- Ser sensível às reações do grupo, desenvolvendo a harmonia e a afetividade.
- Exercitar sua capacidade intuitiva e de empatia para bem explorar a situação, a cada instante, transformando-a.
- Reconhecer o valor do conhecimento e do comportamento individuais.
- Ser suficientemente capaz de apreender todas as reações.
- Tratar todos com igualdade, sem demonstrar predileções ou preconceitos.
- Utilizar, o máximo possível, habilidades interpessoais de agregação do grupo.
- Ser acessível e entusiasta.
- Ser gente e gostar de gente.

O QUE OBSERVAR NAS EQUIPES

Em todas as reações humanas observam-se duas coisas — o conteúdo e o processo. O conteúdo diz respeito ao assunto sobre o qual o grupo trabalha. Na maioria das interações a atenção das pessoas é centralizada sobre o conteúdo. A segunda é o processo. É a preocupação sobre aquilo que acontece entre o grupo e com os membros do grupo durante o trabalho. O processo do grupo ou sua dinâmica diz respeito a sua moral, aos sentimentos, à atmosfera, à influência, à participação, aos estilos da influência, às brigas de lideranças, aos conflitos, à competição, à cooperação etc. Na maioria das interações, pouca atenção é dada ao processo, embora represente a principal causa da ineficácia de ação de um grupo. A sensibilidade no processo muito ajuda no diagnóstico dos problemas de um grupo e a contorná-los mais efetivamente. Como esses processos são encontrados em todos os grupos, a consciência sobre isso contribui para uma participação mais eficiente no grupo.

Abaixo, encontram-se algumas observações que podem servir de guia à análise do comportamento grupal.

Participação

A participação verbal representa o envolvimento em um grupo. A participação dos membros pode ser observada da seguinte maneira:

- Quem mais participa?
- Quem menos participa?
- Alguma mudança de participação?, ou seja, quem muito participa, de repente fica calado, e quem menos participa, de repente fica falante? Observa alguma possível razão para explicar essa mudança de interação?
- Como são tratadas as pessoas mais silenciosas? Como é interpretado seu silêncio? Consentem? Discordam? Desinteressam? Têm medo?
- Quem fala e com quem? Observa alguma razão para essas interações?
- Quem facilita a interação no grupo? Por quê? Você observa alguma razão para essas interações?

Observação: Nesse ponto é aconselhável reler o capítulo "Papéis construtivos e não-construtivos".

Influência

Influência não significa a mesma coisa que participação. Há pessoas que falam pouco, mas captam tudo no grupo. Outras falam demais e geralmente não escutam os outros falarem.

- Quem mais influencia no grupo? Isto é, quando fala os outros escutam.
- Quem influencia menos? Isto é, quando fala, outros ou não o escutam ou não fazem o que é dito. Há alguma influência mentirosa no grupo? Quem manobra o grupo?
- Você observa alguma rivalidade no grupo? Há alguma disputa pela liderança? Quais efeitos essa briga causa nos outros membros do grupo?

Como se processam as decisões

Em um grupo, muitas decisões são tomadas sem se levar em consideração os efeitos sobre os demais membros. Há quem procura impor sua própria decisão sobre o grupo, enquanto outros gostam que todos participem e compartilhem no processo da tomada de decisão.

- Será que alguém decide sem procurar a participação dos demais membros do grupo? Que efeito tem essa decisão sobre o grupo?
- Será que o grupo passa facilmente de um assunto a outro? Quem procura passar facilmente de um assunto a outro? Encontra você alguma razão para esse tipo de interação no grupo?
- Quem apóia as sugestões ou as decisões dos demais membros do grupo?
- Há busca de consenso no grupo?
- Há alguém que apresenta contribuições sem receber nenhuma resposta ou reconhecimento por parte dos demais membros do grupo?

Atmosfera do grupo

A maneira como o grupo trabalha cria uma atmosfera que deixa uma impressão geral sobre todo o grupo. As pessoas diferem quanto à aceitação da atmosfera de um grupo em que gostam de trabalhar.

- Quem parece preferir uma atmosfera amiga? Há tentativa em suprimir conflitos ou sentimentos desagradáveis?
- Quem parece preferir uma atmosfera de conflito e de discordância? Há pessoas que provocam e incomodam os outros?
- Há pessoas que parecem interessadas e participantes? A atmosfera parece de trabalho, de satisfação, de luta, de briga?
- Existem subgrupos? Há pessoas que constantemente concordam com as demais pessoas do grupo, ou discordam?
- Existem pessoas que parecem não integradas no grupo?

Sentimentos

Durante a discussão de grupo, geram-se freqüentemente interações entre os membros do grupo. Poucas vezes falam daquilo que sentem. Os observadores baseiam-se muitas vezes no tom de voz, nas expressões faciais, nos gestos, e em outras comunicações não-verbais.

- Que espécies de sentimentos você observa nos membros do grupo: raiva, irritação, frustração, calor, afeto, excitação, aborrecimento, defesa...?
- Você observa alguém que procura bloquear os próprios sentimentos, em particular os sentimentos negativos? Como é feito? Há alguém que o faça constantemente?

Normas

Há normas, em um grupo, que podem desenvolver o controle do comportamento de seus membros. As normas geralmente expressam os desejos da maioria, como aquilo que deveriam ou não deveriam fazer em um grupo. Essas normas podem ser claras (explícitas) e conhecidas por poucos, ou funcionam totalmente inconscientes por parte dos membros do grupo.

- Há assuntos que são evitados no grupo (sexo, religião, política). Quem parece reforçar essas normas? Como isso é feito?
- São os membros do grupo corteses uns com os outros? Expressam só sentimentos positivos? Concordam facilmente entre si? Que acontece quando discordam?

▌A CRÍTICA É ÚTIL?

Já pensou se não existissem as críticas? Certamente um vazio tomaria conta de nossas almas, pois não saberíamos se somos aceitos pelas outras pessoas, já que é pela crítica que tomamos consciência do certo e do errado. O problema está em não fazer da crítica uma oportunidade de crescimento, pois como autodefesa e por medo da mudança nos fechamos e simplesmente não queremos ouvir as outras pessoas.

Todos nós certamente já fizemos ou recebemos algum tipo de crítica, seja construtiva ou destrutiva, seja para outros ou para nós mesmos: criticamos um trabalho, criticamos comportamentos e formas de expressão, criticamos atitudes, criticamos, criticamos e criticamos. Mas você certamente já foi criticado ou criticou injustamente, seja por si mesmo ou por alguém que não entendia todo o contexto do que estava acontecendo ou que tinha uma visão muito simplificada da situação.

Como qualquer habilidade, a crítica pode ser mais ou menos bem usada. Veja a seguir os possíveis usos inadequados dessa habilidade quando aplicada a nós mesmos.

NÃO COMETA ERROS AO CRITICAR

Veja algumas formas erradas de criticar.

Criticar o passado com os olhos atuais

A maneira como se comportava no passado espelhava a maturidade, conhecimentos, objetivos e capacidade que você tinha naquela época. Criticar-se em relação ao passado com os olhos do presente, depois de viver, amadurecer e se capacitar melhor, é semelhante a julgar uma criança e ter expectativas sobre ela, segundo os mesmos critérios aplicados a um adulto.

Criticar o futuro com os olhos atuais

Da mesma forma, pensar que no futuro sua capacidade será idêntica à atual, limita suas decisões e seu crescimento.

Teste-se: você pularia de pára-quedas?

"Arrepiou-se"?

Agora, pense a mesma coisa, depois de passar por um treinamento, muita preparação física, ensaios mentais para lidar com situações de emergência e alguma outra coisa que inventar. Você pode até continuar, se é o seu caso, com medo de morrer estatelado e decidir não pular, mas não o fará por não se considerar capaz.

Criticar por um só aspecto

Na verdade, podem existir dezenas ou milhares de aspectos em uma situação, que resultam em muitas descrições possíveis. Ao invés de "Fui incompetente", por exemplo, a descrição poderia ser "Não consegui os resultados que pretendia", abrindo espaço para, ao invés de um julgamento, adotar uma atitude de se ajustar e fazer algo diferente.

Outra visão da mesma situação é a de que a pessoa que se criticou pôde reconhecer que fez algo que não foi apropriado, e ser capaz de reconhecer isso significa que a percepção do que seria mais inteligente está lá, só não foi traduzida de forma apropriada em ações (e, com a experiência do que ocorreu, ficou mais fácil agir efetivamente). Mais um aspecto? Muitas vezes a única conseqüência desagradável de uma situação é provocada por nós mesmos, na forma de uma reação emocional associada à própria autocrítica.

Criticar a autocrítica

Bem, aí você veio lendo até aqui e pode ser que tenha pensado que não está sendo um bom autocrítico, ou talvez você costume dizer para si mesmo e para os outros que é muito crítico, e talvez não considere isso algo muito bom. Nesse caso, você está criticando sua autocrítica, e pode aproveitar para melhorá-la, lembrando que a crítica é como uma ferramenta mental, e ferramentas não são a princípio boas nem ruins, dependem de como são usadas. Se for para criticar a autocrítica, critique a maneira como vem usando essa habilidade e use isso para fazer melhorias.

Não fazer autocríticas

Todos já vimos pessoas que não costumam se autocriticar; são como são, "assim mesmo", e não têm oportunidades de melhorar. Se você não é perfeito, não está "pronto", então já deve ter percebido que autocríticas são criadoras de oportunidades, e por isso merecem atenção especial.

Criticar-se sem o propósito de melhorar

Se o papel da crítica é melhorar a qualidade das ações, fazer autocríticas sem a intenção de usá-las para melhorar é pura perda de tempo. Ter uma intenção convicta de aperfeiçoamento é algo tão poderoso que, mesmo quando alguém recebe uma crítica pretensamente destrutiva, ela é transformada em construtiva pela receptividade e pela disposição de aproveitar as oportunidades de aperfeiçoamento. Quem tem essas intenções sabe que, no fundo, não faz muita diferença de quem vem ou como vem ou ainda quando vem uma crítica; o importante mesmo é descobrir — para poder aproveitar — as oportunidades.

Observe as críticas seguintes

Certamente as pessoas descritas abaixo não pensaram antes de criticar, ou se fecharam-se em si mesmas, e fizeram de sua verdade uma verdade absoluta.

• Do presidente do *Michigan Savings Bank* ao advogado de Henry Ford, aconselhando-o a não investir na *Ford Motor Company*:
"*O cavalo está aqui para ficar, porém, o automóvel é apenas uma novidade — uma moda passageira*".

• Lorde Kelvin, 1885:
"*Máquinas voadoras mais pesadas do que o ar são impossíveis*".

• Harry M. Warner, presidente da *Warner Bros. Pictures*, em 1927:
"*Quem é que quer ouvir atores falarem?*"

• Charles H. Duell, comissário do *U. S. Office of Patents*, em um relatório em 1899 para o presidente McKinley, argumentando que o *Patents Office* deveria ser abolido:
"Tudo o que pode ser inventado já foi inventado".

• Daryl F. Zanuck, presidente do estúdio *20th Century Fox*, comentando, em 1946, sobre a televisão:
"A televisão não será capaz de manter nenhum mercado que conseguir após os primeiros seis meses. As pessoas logo se cansarão de olhar para uma caixa de madeira compensada toda noite".

2ª Parte

1. CONTOS E METÁFORAS

Nesta segunda parte o objetivo é proporcionar a leitura de alguns textos úteis, que podem ser usados de forma individual ou em dinâmicas de grupo, com os quais o facilitador pode fazer muitas reflexões.

MEUS DOIS CACHORROS
Sobre como lidar com conflitos

Um ancião índio norte-americano certa vez descreveu seus conflitos internos da seguinte maneira: "Dentro de mim há dois cachorros. Um deles é cruel e mau. O outro é muito bom. Os dois estão sempre brigando".

Quando lhe perguntaram que cachorro ganhava a briga, o ancião parou, refletiu e respondeu: "Aquele que eu alimento mais freqüentemente".

(Autor desconhecido)

SUA IMPORTÂNCIA...
Por menor que possa ser sua função,
ela é fundamental

O colégio onde eu estudava (...) costumava encerrar o ano letivo com um espetáculo teatral. Eu adorava aquilo, porém nunca fora convidada para participar, o que me trazia uma secreta mágoa.

Quando fiz onze anos avisaram-me que, finalmente, eu ia ter um papel para representar. Fiquei felicíssima, mas esse estado de espírito durou pouco: escolheram uma colega minha para o desempenho principal. A mim coube uma ponta, de pouca importância.

Minha decepção foi imensa. Voltei para casa em pranto. Mamãe quis saber o que se passava e ouviu toda a minha estória, entre lágrimas e soluços. Sem nada dizer, ela foi buscar o bonito relógio de pulso de papai e colocou-o em minhas mãos, dizendo:

"Que é que você está vendo?"

"Um relógio de ouro, com mostrador e ponteiros", respondi-lhe.

Em seguida, mamãe abriu a parte traseira do relógio e repetiu a pergunta:

"E agora, o que está vendo?"

"Ora, mamãe, aí dentro parece haver centenas de rodinhas e parafusos".

Mamãe me surpreendia, pois aquilo nada tinha a ver com o motivo de meu aborrecimento. Entretanto, calmamente, ela prosseguiu:

"Este relógio, tão necessário a seu pai e tão bonito, seria absolutamente inútil se nele faltasse qualquer parte, mesmo a mais insignificante das rodinhas ou o menor dos parafusos".

Nós nos entreolhamos e, em seu olhar calmo e amoroso, eu compreendi sem que ela precisasse dizer mais nada.

Essa pequena lição tem me ajudado muito a ser mais feliz na vida.

Aprendi, com a máquina daquele relógio, quão essenciais são mesmo os deveres mais ingratos e difíceis, que nos cabem a todos. Não importa que sejamos o mais ínfimo parafuso ou a mais ignorada rodinha, desde que o trabalho, em conjunto, seja para o bem de todos.

E percebi, também, que se o esforço tiver êxito o que menos importa são os aplausos exteriores. O que vale mesmo é a paz de espírito do dever cumprido...

(Tirado de *E para o resto da vida*, de Wallace Leal Rodrigues)

O CALDEIREIRO
Qual é o preço justo para um serviço?

Um caldeireiro foi contratado para consertar um enorme sistema de caldeiras de um navio a vapor que não estava funcionando bem. Após escutar a descrição feita pelo engenheiro quanto aos problemas, e haver feito umas poucas perguntas, dirigiu-se à sala de máquinas. Olhou para o labirinto de tubos retorcidos e, durante alguns instantes, escutou o ruído surdo das caldeiras e o silvo do vapor que escapava; com as mãos apalpou alguns dos tubos. Depois, cantarolando suavemente só para si, procurou em seu avental alguma coisa e tirou de lá um pequeno martelo, com o qual bateu apenas uma vez em uma válvula vermelha brilhante. Imediatamente, o sistema inteiro começou a trabalhar com perfeição e o caldeireiro voltou para casa.

Quando o dono do navio recebeu uma conta de $ 1000, queixou-se de que o caldeireiro só havia ficado na sala de máquinas durante quinze minutos e pediu uma conta pormenorizada. Eis o que o caldeireiro lhe enviou:

Total da conta: $ 1.000,00, assim discriminados:
Conserto com o martelo: $ 0,50
Saber onde martelar: $ 999,50.

(Richard Bandler e John Grinder)

O GALO ANGUSTIADO
Não era ele que levantava o sol

Era uma vez um grande quintal onde reinava o soberano e poderoso galo. Orgulhoso de sua função, nada acontecia no quintal sem que ele soubesse e participasse. Com sua força descomunal e coragem heróica, enfrentava qualquer perigo. Era especialmente orgulhoso de si mesmo, de suas armas poderosas, da beleza colorida de suas penas, de seu canto mavioso.

Toda manhã acordava pelo clarão do horizonte e bastava que cantasse duas ou três vezes para que o sol se elevasse acima para o céu. "O sol nasce pela força de meu canto", dizia ele. "Eu pertenço à linhagem dos levantadores do sol. Antes de mim era meu pai; antes de meu pai era meu avô!" ...

Um dia uma jovem galinha de beleza esplendorosa veio morar em seu reinado e por ela o galo se apaixonou. A paixão correspondida culminou em uma noite de amor para galo nenhum botar defeito. E foi aquele amor louco, noite adentro. Depois do amor, já de madrugada, veio o sono. Amou profundamente e dormiu profundamente.

As primeiras luzes do horizonte não o acordaram como de costume. Nem as segundas. ... Para lá do meio-dia, abriu os olhos sonolentos para um dia azul, de céu azul brilhante, e levou um susto de quase cair. Tentou inutilmente cantar, apenas para verificar que o canto não lhe passava pelo nó apertado da garganta. "Então não sou eu quem levanta o sol?", comentou desolado para si mesmo. E caiu em profunda depressão. O reconhecimento de que nada havia mudado no galinheiro enquanto dormia trouxe-lhe um forte sentimento de inutilidade e um questionamento incontrolável de sua própria competência. E veio aquele aperto na garganta. A pressão no peito virou dor. A angústia se instalou definitivamente e fez com que ele pensasse que só a morte poderia solucionar tamanha miséria. "O que vão pensar de mim?", murmurou para si mesmo, e lembrou daquele galinho impertinente que por duas ou três vezes ousou de longe arrastar-lhe a asa. O medo lhe gelou nos ossos. Medo. Angústia. Andou se esgueirando pelos cantos do galinheiro, desolado e sem saída.

Do fundo de seu sentimento de impotência, humilhado, pensou em pedir ajuda aos céus e rezou baixinho, chorando. Talvez tenha sido esse momento de humildade, único em sua vida, que o tenha ajudado a se lembrar que, em uma árvore, lá no fundo do galinheiro, ficava o dia inteiro empoleirado um velho galo filósofo que pensava e repensava a vida do galinheiro e que costumava com seus sábios conselhos dar orientações úteis a quem o procurasse com seus problemas existenciais.

O velho sábio o olhou de cima de seu filosófico poleiro, quando ele vinha se esgueirando, tropeçando nos próprios pés, como que se escondendo de si mesmo. E disse: "Olá! Você nem precisa dizer nada, do jeito que você está. Aposto que você descobriu que não é você quem levanta o sol. Como foi que você se distraiu assim? Por acaso você andou se apaixonando?" Sua voz tinha um tom divertido, mas ao mesmo tempo compreensivo, como se tudo fosse natural para ele. A seu convite, o galo angustiado empoleirou-se a seu lado e contou-lhe sua história. O filósofo ouviu cada detalhe com a paciência dos pensadores. Quando o consulente já se sentia compreendido, o velho sábio fez-lhe uma longa preleção:

"Antes, quando você ainda achava que até o sol se levantava pelo poder de seu canto, digamos que você estava enganado. Para definir seu problema com precisão, você tinha o que pode ser chamado de 'Ilusão de Onipotência'. Então, pela mágica do amor, você descobriu seu próprio engano, e até aí estaria ótimo, porque nenhuma vantagem existe em estar tão iludido". Saiba você que ninguém acredita realmente nessa história de canto de galo levantar o sol. Para a maioria, isto é apenas simbólico: só os tolos tomam isto ao pé da letra.

"Entretanto, agora, continuou o sábio pensador, você está pensando que não tem mais nenhum valor, o que é de certa forma compreensível em quem baseou a vida em tão grande ilusão. Contudo, examinando a situação com maior profundidade, você está apenas trocando uma ilusão por outra ilusão. O que era uma 'Ilusão de Onipotência' pode ser agora chamado de 'Ilusão de Incompetência'. A meus olhos, continuou o sábio, nada realmente mudou. Você era, é e vai continuar sendo, um galo normal, cumpridor de sua função de gerenciar o galinheiro, de acordo com a tradição dos galináceos. Seu maior risco, continuou o pensador, é o de ficar alternando ilusões. Ontem era 'Ilusão de Onipotência', hoje, 'Ilusão de Incompetência'. Amanhã você poderá voltar à Ilusão de Onipotência novamente, e depois ter outra desilusão... Pense bem nisto: 'uma ilusão não pode ser solucionada por outra ilusão'. A solução não está nem nas nuvens nem no fundo do poço. A solução está na realidade."

Após um longo período de silêncio, o velho galo filósofo voltou-se para seus pensamentos. Nosso herói desceu da árvore para a vida comum do galinheiro.

No dia seguinte, aos primeiros raios da manhã, cantou para anunciar o sol nascente. E tudo continuou como era antes.

(Maurício de Souza Lima)

APRENDENDO COM AS ÁGUIAS

A águia é a ave que possui a maior longevidade da espécie. Chega a viver 70 anos. Mas, para chegar a essa idade, aos 40 anos ela tem de tomar uma difícil decisão.

Aos 40 anos ela está com as unhas compridas e flexíveis, não consegue mais agarrar suas presas, das quais se alimenta; o bico alongado e pontiagudo se curva; apontando contra o peito, estão as asas envelhecidas e pesadas, em função da grossura das penas, e voar já é muito difícil!

Então, a águia só tem duas alternativas: morrer ou enfrentar um dolorido processo de renovação que irá durar 150 dias. Esse processo consiste em voar para o alto de uma montanha e se recolher em um ninho próximo a um paredão, onde ela não necessita voar.

Após encontrar esse lugar, a águia começa a bater o bico em uma parede até conseguir arrancá-lo, espera nascer um novo bico, com o qual vai depois arrancar suas unhas. Quando novas unhas começarem a nascer, ela passa a arrancar as velhas penas, e, só após cinco meses, sai para o famoso vôo de renovação, e para viver então mais 30 anos.

Em nossa vida, muitas vezes, temos de nos resguardar por algum tempo e começar um processo de renovação. Para que continuemos a voar um vôo de vitória, devemos desprender-nos de lembranças, costumes e outras tradições que nos causaram dor. Somente livres do peso do passado, poderemos aproveitar o resultado valioso que a renovação sempre traz.

(Autor desconhecido)

O POTE RACHADO
Defeito ou qualidade?

Um carregador de água na Índia levava dois potes grandes, ambos pendurados em cada ponta de uma vara, que ele carregava atravessada em seu pescoço. Um dos potes tinha uma rachadura, enquanto o outro era perfeito e sempre chegava cheio de água no fim da longa jornada entre o poço e a casa do chefe. O pote rachado chegava apenas pela metade.

Foi assim por dois anos, diariamente, o carregador entregando um pote e meio de água na casa de seu chefe. Claro, o pote perfeito estava orgulhoso de suas realizações. O pote rachado, porém, estava envergonhado de sua imperfeição, e sentindo-se miserável por ser capaz de realizar apenas a metade do que havia sido designado a fazer.

Após perceber que por dois anos havia sido uma falha amarga, o pote falou para o homem um dia, à beira do poço: "Estou envergonhado, quero pedir-lhe desculpas".

"Por quê?", perguntou o homem. "De que você está envergonhado?"

"Nesses dois anos eu fui capaz de entregar apenas metade de minha carga, porque essa rachadura em meu lado faz com que a água vaze por todo o caminho da casa de seu senhor. Por causa de meu defeito, você tem de fazer todo esse trabalho, e não ganha o salário completo de seus esforços", disse o pote.

O homem ficou triste pela situação do velho pote, e com compaixão falou: "Quando retornarmos para a casa de meu senhor, quero que perceba as flores ao longo do caminho".

De fato, à medida que eles subiam a montanha, o velho pote rachado notou flores silvestres ao lado do caminho, e isso lhe deu ânimo. Mas, ao fim da estrada, o pote ainda se sentia mal porque tinha vazado a metade, e de novo pediu desculpas ao homem por sua falha.

Disse o homem ao pote: "Você notou que só havia flores em seu lado do caminho? Notou ainda que a cada dia, enquanto voltávamos do poço, você as regava? Por dois anos eu pude colher flores para ornamentar a mesa de meu senhor. Sem você ser do jeito que você é, ele não poderia ter essa beleza para dar graça a sua casa".

(Autor desconhecido)

A DIFERENÇA ENTRE O CÉU E O INFERNO
Ele esteve lá

Conta-se que um poeta estava um dia passeando ao crepúsculo em uma floresta, quando de repente surgiu diante dele uma aparição do maior dos poetas, Virgílio. Virgílio disse ao apavorado poeta que o destino estava sorrindo para ele e que ele tinha sido escolhido para conhecer os segredos do Céu e do Inferno. Por mágica, Virgílio transportou-se a si e ao poeta, ainda apavorado com experiência tão súbita, ao velho e mítico rio que circundava o submundo. Entraram em uma canoa e Virgílio instruiu o poeta a remar até o Inferno.

Quando chegaram, o poeta estava algo surpreso por encontrar um lugar semelhante à floresta onde estavam, e não feito de fogo e enxofre nem infestado de demônios alados e criaturas nojentas exalando fogo, como ele esperava.

Virgílio pegou o poeta pela mão e levou-o por uma trilha. Logo o poeta sentiu, à medida que se aproximavam de uma barreira de rochas e arbustos, o cheiro de um delicioso ensopado. Junto com o cheiro, entretanto, vinham misteriosos sons de lamentações e ranger de dentes.

Ao contornar as rochas, depararam-se com uma cena incomum. Havia uma grande clareira com muitas mesas grandes e redondas. No meio de cada mesa havia uma enorme panela contendo o ensopado cujo cheiro o poeta havia sentido, e cada mesa estava cercada de pessoas definhadas e obviamente famintas. Cada pessoa segurava uma colher com a qual tentava comer o ensopado. Devido ao tamanho da mesa, entretanto, e por serem as colheres compridas de forma a alcançar a panela no centro, o cabo das colheres era duas vezes mais comprido do que os braços das pessoas que as usavam. Isso tornava impossível para qualquer uma daquelas pessoas famintas colocar a comida na boca. Havia muita luta e imprecações enquanto cada um tentava desesperadamente pegar pelo menos uma gota do ensopado.

O poeta ficou muito abalado com a terrível cena, até que tampou os olhos e suplicou a Virgílio que o tirasse dali. Em um momento eles estavam de volta à canoa e Virgílio mostrou ao poeta como chegar até o Céu. Quando chegaram, o poeta surpreendeu-se novamente ao ver uma cena que não correspondia a suas expectativas. Aquele lugar era quase exatamente igual ao que eles tinham acabado de sair. Não havia grandes portões de pérolas nem bandos de anjos a cantar. Novamente Virgílio conduziu-o por uma trilha onde um cheiro de comida vinha de trás de uma barreira de rochas e arbustos. Desta vez, entretanto, eles ouviram cantos e risadas quando se aproximaram. Ao contornarem a barreira, o poeta ficou muito surpreso de encontrar um quadro idêntico ao que eles tinham acabado de deixar; grandes mesas cercadas por pessoas com colheres de cabos desproporcionais e uma grande panela de ensopado no centro de cada mesa. A única e essencial diferença entre aquele grupo de pessoas e o que eles tinham acabado de deixar, era que as pessoas neste grupo estavam usando suas colheres para se alimentar uns aos outros.

(Robert B. Dilts e outros)

O SAMURAI
A quem pertence um presente?

Perto de Tóquio vivia um grande samurai, já idoso, que agora se dedicava a ensinar o Zen aos jovens. Apesar de sua idade, corria a lenda de que ainda era capaz de derrotar qualquer adversário.

Certa tarde, um guerreiro conhecido por sua total falta de escrúpulos apareceu por ali. Era famoso por utilizar a técnica da provocação: esperava que seu adversário fizesse o primeiro movimento e, dotado de uma inteligência privilegiada para reparar os erros cometidos, contra-atacava com velocidade fulminante. O jovem e impaciente guerreiro jamais havia perdido uma luta. Conhecendo a reputação do samurai, estava ali para derrotá-lo, e aumentar sua fama. Todos os estudantes se manifestaram contra a idéia, mas o velho aceitou o desafio. Foram todos para a praça da cidade, e o jovem começou a insultar o velho mestre. Chutou algumas pedras em sua direção, cuspiu em seu rosto, gritou todos os insultos conhecidos, ofendendo inclusive seus ancestrais. Durante horas fez tudo para provocá-lo, mas o velho permaneceu impassível. No final da tarde, sentindo-se já exausto e humilhado, o impetuoso guerreiro retirou-se.

Desapontados pelo fato de o mestre aceitar tantos insultos e provocações, os alunos perguntaram: "Como o senhor pode suportar tanta indignidade? Por que não usou sua espada, mesmo sabendo que podia perder a luta, ao invés de mostrar-se covarde diante de todos nós?"

"Se alguém chega até você com um presente, e você não o aceita, a quem pertence o presente?", perguntou o Samurai. "A quem tentou entregá-lo", respondeu um dos discípulos. "O mesmo vale para a inveja, a raiva e os insultos", disse o mestre. "Quando não são aceitos, continuam pertencendo a quem os carregava consigo. Sua paz interior depende exclusivamente de você. As pessoas não podem tirar-lhe a calma, só se você o permitir..."

(Autor desconhecido)

O SONHO DE SVETLANA
Ela desistiu de seu sonho cedo demais

Desde pequena Svetlana só tinha conhecido uma paixão: dançar e sonhar em ser uma *Gran Ballerina* do *Ballet Bolshoi*. Seus pais haviam desistido de lhe exigir empenho em qualquer outra atividade. Os rapazes já haviam se resignado: o coração de Svetlana tinha lugar somente para uma paixão e tudo o mais era sacrificado pelo dia em que se tornaria bailarina do *Bolshoi*.

Um dia, Svetlana teve sua grande chance. Conseguira uma audiência com Sergei Davidovitch, *Ballet Master* do *Bolshoi*, que estava selecionando aspirantes para a Companhia. Dançou como se fosse seu último dia na Terra. Colocou tudo o que sentia e o que aprendera em cada movimento, como se uma vida inteira pudesse ser contada em um único compasso. Ao final, aproximou-se do Master e lhe perguntou: "Então, o senhor acha que eu posso me tornar uma *Gran Ballerina*?"

Na longa viagem de volta a sua aldeia, Svetlana, em meio às lágrimas, imaginou que nunca mais aquele "Não" deixaria de reverberar em sua mente. Meses se passaram até que pudesse novamente calçar uma sapatilha ou fazer seu alongamento em frente ao espelho. Dez anos mais tarde Svetlana, já uma estimada professora de balé, criou coragem de ir à performance anual do *Bolshoi* em sua região. Sentou-se bem à frente e notou que o Sr. Davidovitch ainda era o *Ballet Master*. Após o concerto, aproximou-se do cavalheiro e lhe contou o quanto ela queria ter sido bailarina do *Bolshoi* e quanto doera, anos atrás, ouvir-lhe dizer que não seria capaz.

"Mas minha filha, eu digo isso a todas as aspirantes", respondeu o Sr. Davidovitch.

"Como o senhor poderia cometer uma injustiça dessas? Eu dediquei toda a minha vida! Todos diziam que eu tinha o dom. Eu poderia ter sido uma *Gran Ballerina* se não fosse o descaso com que o senhor me avaliou!"

Havia solidariedade e compreensão na voz do Master, mas ele não hesitou ao responder: "Perdoe-me, minha filha, mas você nunca poderia ter sido grande o suficiente, se foi capaz de abandonar seu sonho pela opinião de outra pessoa".

(Autor desconhecido)

▍COISAS NORMAIS...
Guarde suas emoções para o que vale mais a pena

Assisto a um jogo de futebol na TV. Perto da área, um jogador chuta em gol e "isola" a bola, ela passa longe das traves.

Fico pensando: como um jogador faz isso e nada acontece? Se fosse um jogador de basquete que arremessasse regularmente bolas longe da cesta, não duraria muito no time. Pensei então que isso é aceito porque é considerado "normal" no contexto do futebol, passa a ser uma possibilidade esperada e parte da coisa.

Descobri assim que há vantagens em considerar certas situações do dia-a-dia como "normais": ajuda a evitar estresse e a lidar com elas de uma forma mais efetiva. Segue minha lista de coisas que considero normais, e portanto esperáveis, e portanto sujeitas a ações apropriadas para lidar com elas. Se você concordar, espero que lhe inspirem a ajustar suas expectativas, atitudes e ações para assim ter uma vida um pouco mais "normal".

— É normal que aparelhos e máquinas requeiram consertos de vez em quando, em particular quando não passam por manutenções preventivas. Indicação de ação: ler o manual e cuidar deles.

— É normal que o cartucho da impressora acabe um dia, e também é perfeitamente normal que ele acabe enquanto está sendo usado. Indicação de ação: ter cartuchos de reserva.

— É normal encontrar no trânsito motoristas bons, médios e "barbeiros". Cada um tem seu grau de experiência. Além disso, os estados emocionais dos motoristas podem variar, e pode haver alguém que acabou de ter um trauma e tem de dirigir, um tem pressa, outro canaliza as emoções para o acelerador ou para pessoas que não têm nada a ver com o que ele está vivenciando. Indicações de ação: direção defensiva e cooperativa. Compreensão.

— É normal encarar algo novo, como um novo eletrodoméstico ou um novo programa de computador, e levar um tempo para produzir resultados. Isso se deve basicamente à falta de informação, isto é, ao fato de não sabermos onde estão as coisas e para que servem, e desconhecermos os padrões de seu funcionamento, como por exemplo um microondas. Raciocínio análogo vale para uma cidade nova ou um site novo. Indicação de ação: buscar informações e experiências, sendo elas cuidadosas no início. Não há inteligência que sobreviva à falta de informações.

— É normal ter dificuldades no início do aprendizado de uma nova habilidade, seja assobiar, fazer malabarismo, programar computadores etc. Leva algum tempo e requer prática ajustar nossa atenção, pensamentos e movimentos em uma seqüência que funcione. Leva mais tempo e requer mais experiência desenvolver aquela fluidez, agilidade e riqueza de opções de uma habilidade madura. Indicação de ação: persistir na prática, ajustando estratégias se for preciso e aprendendo com os erros, sabendo que logo o grau de habilitação vai subir e tudo vai ficar mais fácil. Lembrar-se de vez em quando de por que está buscando aquilo.

— É normal que se temos muitas coisas a fazer esqueçamo-nos de algumas, em particular se não temos uma habilidade de pensamento para organizá-las. Indicação de ação: registrar em algum lugar ou treinar uma estratégia de memorização apropriada.

— É normal que, se nos dedicarmos a algo com pressa e afobação, vamos depois de algum tempo aumentar o grau de estresse e ficar com a cabeça quente. Indicação de ação: não definir um limite de prazo ao se dedicar (mesmo que ele exista!).

— É normal que, após conviver muito tempo com o mesmo tema, como um problema de trabalho, vamos ficar ligados naquilo e com dificuldades de nos concentrar em outra coisa. Indicações de ação: fazer algo para se desligar ou ligar-se em algo interessante para fazer uma transição mais rápida. Em estudos, fazer pausas estratégicas.

— É normal, se absorvermos muito conteúdo em pouco

tempo, de uma forma desorganizada e não integrada, ficarmos confusos. Indicações de ação: Usar mapas mentais. Fazer pausas de vez em quando para relaxar e permitir uma integração do novo. Dormir uma boa noite de sono para permitir a "digestão". Usar métodos estruturados e organizados de estudo.

— É normal que, se alimentarmos e nutrirmos nossa percepção com coisas como violência e suspense, vamos ficar com aquilo na mente durante algum tempo e sentindo "ecos emocionais" (também já expressos como "lixo entra, lixo sai"). É normal que, se ficarmos muito tempo em contato com coisas racionais, fiquemos um pouco distantes da dimensão emocional/sentimental. Também é normal que, se nos nutrirmos de coisas com sentimentos, vamos fortalecer essa dimensão em nós. Indicações de ação: filtrar os estímulos de acordo com o que se quer. Não "comprar" (observar apenas) percepções e pensamentos que não tenham a ver com o que se quer. Desligar a TV. Ter atividades que envolvam também emoções e sentimentos.

— É absolutamente normal sentir medo, em algum grau, em situações novas. Primeiro, nossa mente fica meio sem limites e explora possibilidades por vezes bastante improváveis. Segundo, é bem possível que ocorram situações para as quais não temos uma resposta pronta, afinal, é nova. Indicações de ação: Lembre-se de situações novas em que você se saiu bem e outras em que você improvisou. Ouse imaginar que vai ser capaz de lidar com o que surgir, embora com um tempo de resposta possivelmente mais longo que o padrão do passado. Use as imaginações medrosas para lhe inspirar ações de prevenção e antecipação.

— É normal que, em um relacionamento novo, possamos fazer coisas que incomodem ou firam, afinal, pouco conhecemos do outro e de suas sensibilidades, e é pior ainda quando o outro não nos informa nem dá feedback. Indicações de ação: encare a resposta do outro como uma informação útil. Por exemplo, se você brincou e o outro se sentiu xingado, você já descobriu como xingá-lo.

No fim das contas, é normal errarmos de vez em quando, afinal ninguém é perfeito (pelo menos não todo o tempo). Então, pode ser melhor fazer como na dança: se é um ensaio, o erro mostra o ponto de melhoria; se é apresentação, pega logo o passo que pode ser que quem esteja vendo pense que faz parte do show!

(Virgilio Vasconcelos Vieira)

O NÓ DO AFETO

Em uma reunião de pais, em uma escola da periferia, a diretora ressaltava o apoio que os pais devem dar aos filhos; pedia-lhes também que se fizessem presentes o máximo de tempo possível...

Ela entendia que, embora a maioria dos pais e mães daquela comunidade trabalhasse fora, eles deveriam achar um tempinho para se dedicar e entender as crianças.

Mas a diretora ficou muito surpresa quando um pai se levantou e explicou, com seu jeito humilde, que ele não tinha tempo de falar com o filho, nem de vê-lo, durante a semana, porque quando ele saía para trabalhar era muito cedo e o filho ainda estava dormindo... Quando voltava do serviço já era muito tarde e o garoto não estava mais acordado. Explicou, ainda, que tinha de trabalhar assim para prover o sustento da família, mas também contou que isso o deixava angustiado por não ter tempo para o filho e que tentava redimir-se indo beijá-lo todas as noites quando chegava em casa. E, para que o filho soubesse de sua presença, ele dava um nó na ponta do lençol que o cobria. Isso acontecia religiosamente todas as noites quando ia beijá-lo. Quando o filho acordava e via o nó, sabia, por meio dele, que o pai tinha estado ali e que o havia beijado. O nó era o meio de comunicação entre eles.

A diretora emocionou-se com aquela singela história e ficou surpresa quando constatou que o filho desse pai era um dos melhores alunos da escola. O fato nos faz refletir sobre as muitas maneiras de as pessoas se fazerem presentes, de se comunicarem com os outros. Aquele pai encontrou a sua, que era simples mas eficiente. E o mais importante é que o filho percebia, através do nó afetivo, o que o pai estava lhe dizendo.

Por vezes, importamo-nos tanto com a forma de dizer as coisas e esquecemos o principal, que é a comunicação através do sentimento. Simples gestos, como um beijo e um nó na ponta do lençol, valiam, para aquele filho, muito mais do que presentes ou desculpas vazias.

É válido que nos preocupemos com as pessoas, mas é importante que elas saibam, que elas sintam isso. Para que haja a comunicação é preciso que as pessoas "ouçam" a "linguagem" do coração, pois, em matéria de afeto, os sentimentos sempre falam mais alto que as palavras.

É por essa razão que um beijo, revestido do mais puro afeto, cura a dor de cabeça, o arranhão no joelho, o medo do escuro. As pessoas podem não entender o significado de muitas palavras, mas *sabem* registrar um gesto de amor. Mesmo que esse gesto seja apenas um nó. Um nó cheio de afeto e carinho.

E você?... Já deu algum nó afetivo hoje?

(Autor desconhecido)

VOCÊ FARIA O QUE DEUS FEZ?

É uma típica tarde de sexta-feira e você está dirigindo em direção a sua casa. Sintoniza o rádio. O noticiário está falando de coisas de pouca importância. Em uma cidadezinha distante morreram 3 pessoas, vítimas de uma gripe, até então, totalmente desconhecida. Você não presta muita atenção ao tal acontecimento.

Na segunda-feira, quando acorda, escuta que já não são 3, mas 30.000, as pessoas mortas pela tal gripe, nas colinas remotas da Índia.

Um grupo do Controle de Doenças dos EUA foi investigar o caso. Na terça-feira, já é a notícia mais importante, ocupando a primeira página de todos os jornais, porque já não é só na Índia, mas também no Paquistão, Iran e Afeganistão. Enfim, a notícia se espalha pelo mundo. Estão chamando a doença de "La Influenza Misteriosa". E todos se perguntam: "Que faremos para controlá-la?"

Então, uma notícia surpreende a todos. A Europa fecha suas fronteiras. A França não recebe mais vôos da Índia nem de outros países dos quais se tenham comentado de casos da tal doença.

Pelo fechamento das fronteiras, você está ligado em todos os meios de comunicação, para se manter informado da situação e de repente ouve que uma mulher declarou que em um dos hospitais da França, um homem está morrendo pela tal "Influenza Misteriosa". Começa o pânico na Europa.

As informações dizem que quando se contrai o vírus, é questão de uma semana para o doente apresentar sintomas horríveis e morrer.

A Inglaterra também fecha suas fronteiras, mas já é tarde. No dia seguinte o presidente dos EUA fecha também suas fronteiras para a Europa e a Ásia, para evitar a entrada do vírus no país, até que encontrem a cura.

No dia seguinte, as pessoas começam a se reunir nas igrejas em oração pela descoberta da cura, quando de repente, entra alguém na igreja aos gritos: "Liguem o rádio! Liguem o rádio! Duas mulheres morreram em Nova York!"

Em questão de horas parece que a coisa invadiu o mundo inteiro.

Os cientistas continuam trabalhando na descoberta de um antídoto, mas nada funciona.

De repente vem a notícia esperada: Conseguiram decifrar o código de ADN do vírus. É possível fabricar o antídoto!

É preciso, para isso, conseguir sangue de alguém que não tenha sido infectado pelo vírus. Corre por todo o mundo a notícia de que as pessoas devem ir aos hospitais fazer análise de seu sangue e doá-lo para a fabricação do antídoto.

Você vai, juntamente com sua família e alguns vizinhos, de voluntário. Pergunta-se: "O que acontecerá? Será este o fim do mundo?"

De repente o médico sai gritando um nome que leu em seu caderno.

O menor de seus filhos está a seu lado, agarra-se em sua jaqueta e lhe diz: "Pai, esse é meu nome!"

E, antes que você possa raciocinar, estão levando seu filho e você grita: "Esperem!"

E, eles respondem: "Está tudo bem! O sangue dele está limpo, é sangue puro. Achamos que ele tem o sangue de que precisamos para o antídoto".

Depois de 5 longos minutos, saem os médicos chorando e rindo ao mesmo tempo. E é a primeira vez que você vê alguém rindo em uma semana. O médico mais velho aproxima-se e lhe diz: "Obrigado, senhor! O sangue de seu filho está limpo e puro, o antídoto finalmente poderá ser fabricado".

A notícia espalha-se por todos os lados. As pessoas estão orando e rindo de felicidade.

Nisso o médico aproxima-se de você e de sua esposa e diz: "Podemos conversar um momento? Não sabíamos que o doador seria uma criança e precisamos que o senhor assine uma autorização para usarmos o sangue de seu filho".

Quando está lendo, percebe que não colocaram a quantidade de sangue que vão precisar e pergunta: "Qual a quantidade de sangue que vão usar?"

O sorriso desaparece do rosto do médico: "Não pensávamos que fosse uma criança. Não estávamos preparados: precisamos de todo o sangue de seu filho".

Você não pode acreditar no que ouve e contesta: "Mas, mas..."

O médico insiste: "O senhor não compreende? Estamos falando da cura para o mundo inteiro! Por favor, assine! Nós precisamos de todo o sangue".

Você, então, pergunta: "Mas não podem fazer-lhe uma transfusão?" E vem a resposta: "Se tivéssemos sangue puro, poderíamos. Assine. Por favor, assine!"

Em silêncio, e sem ao menos poder sentir a caneta na mão, você assina. Perguntam-lhe: "Quer ver seu filho?"

Caminha em direção à sala de emergência onde se encontra seu filho, sentado na cama, dizendo: "Papai? Mamãe? O que está acontecendo?"

Você segura na mão dele e diz: "Filho, sua mãe e eu amamos muito você e jamais permitiríamos que lhe acontecesse algo que não fosse importante e necessário, você entende?"

O médico regressa e lhe diz: "Sinto muito, senhor, precisamos começar, pessoas do mundo inteiro estão morrendo, pode sair?"

Você consegue dar as costas a seu filho e deixá-lo, enquanto seu filho lhe diz: "Papai? Mamãe? Por que estão me abandonando?"

E na semana seguinte, quando fazem uma cerimônia para honrar seu filho, algumas pessoas ficam em casa dormindo, outras não vão porque preferem fazer um passeio ou assistir a um jogo de futebol na TV e outras vêm com um sorriso falso, na verdade não estão se importando como tal.

Você tem vontade de parar e gritar: "Meu filho morreu por vocês! Não se importam com isso?"

Talvez isso seja o que *Deus* quer dizer: "Meu Filho morreu por vocês! Não sabem o quanto os amo!"

É curioso como as pessoas falam de Deus e dizem que não entendem como o mundo caminha de mau a pior.

É curioso como acreditamos em tudo aquilo que lemos nos jornais, mas questionamos as palavras de Deus.

É curioso como todos desejam o Céu, mas nada fazem para merecê-lo.

É curioso como as pessoas dizem: "Eu creio em Deus!", mas com suas ações mostram totalmente o contrário.

É curioso como tanta coisa crua, vulgar e obscena passa livremente, mas a discussão pública de Deus é suprimida nas escolas e locais de trabalho.

É curioso, não é?

Mais curioso ainda é ver como alguns podem estar tão acesos por Deus no domingo e ser cristãos invisíveis pelo resto da semana. E outros, nem aos domingos se lembram de Deus!

É curioso que quando terminar de ler esta mensagem, não comentará com muitos amigos, porque não está certo daquilo em que eles crêem e do que eles vão pensar.

Não se detenha em comentar.

É curioso como me preocupo com o que as pessoas pensam de mim, mas não me preocupo com aquilo que Deus possa pensar!

(Autor desconhecido)

FILTRO SOLAR
Usem filtro solar

Se eu pudesse dar um conselho em relação ao futuro, diria: "Usem filtro solar". Os benefícios, a longo prazo, do uso do filtro solar foram cientificamente comprovados. Os demais conselhos que dou baseiam-se unicamente em minha própria experiência de vida.

Eis um conselho:

Desfrute do poder e da beleza de sua juventude. Oh, esqueça. Você só vai compreender o poder e a beleza de sua juventude quando estes já tiverem desaparecido.

Mas, acredite em mim. Dentro de vinte anos, você olhará suas fotos e compreenderá, de um jeito que não pode compreender agora, quantas oportunidades se abriram para você que eram realmente fabulosas.

Você não é tão gordo quanto você imagina, não se preocupe com o futuro, ou se preocupe, se quiser, sabendo que a preocupação é tão eficaz quanto tentar resolver uma equação de álgebra mascando chiclete.

É quase certo que os problemas que realmente têm importância em sua vida são aqueles que nunca passaram por sua mente, como aqueles que tomam conta de você às 4 da tarde em alguma terça-feira ociosa.

Todos os dias, faça alguma coisa que seja realmente assustadora.

Cante.

Não trate os sentimentos alheios de forma irresponsável, não tolere aqueles que agem de forma irresponsável em relação a você.

Relaxe.

Não perca tempo com a inveja, algumas vezes você ganha,

algumas vezes você perde, a corrida é longa e, no final, tem de contar só com você.

Lembre dos elogios que recebe, esqueça os insultos (se conseguir fazer isso, diga-me como).

Guarde suas cartas de amor, jogue fora seus velhos extratos bancários.

Estique-se.

Não tenha sentimento de culpa se não sabe muito bem o que fazer da vida; as pessoas mais interessantes que eu conheço não tinham, aos 22 anos, nenhuma idéia do que fazer com a vida.

Algumas das pessoas interessantes de 40 anos que conheço ainda não sabem.

Tome bastante cálcio. Seja gentil com seus joelhos, você sentirá falta deles quando não funcionarem mais.

Talvez você se case, talvez não, talvez tenha filhos, talvez não, talvez se divorcie aos 40, talvez dance uma valsinha quando fizer 75 anos de casamento.

O que quer que faça, não se orgulhe nem se critique demais. Todas as suas escolhas têm 50% de chance de darem certo, como as escolhas de todos os demais.

Curta seu corpo da maneira que puder, não tenha medo dele ou do que as outras pessoas pensam dele, ele é seu maior instrumento.

Dance.

Mesmo que o único lugar que você tenha para dançar seja sua sala-de-estar.

Leia todas as indicações, mesmo que não as siga.

Não leia revista de beleza, a única coisa que elas fazem é mostrar você como uma pessoa feia.

Saiba entender seus pais. Você nunca sabe a falta que vai sentir deles. Seja amável com seus irmãos, eles são seu melhor vínculo com o passado e são aqueles que, no futuro, provavelmente nunca o deixarão na mão.

Entenda que amigos vão e vêm, mas que há um punhado deles, preciosos, que você tem de guardar com carinho.

Trabalhe duro para transpor os obstáculos geográficos e pessoais, porque quanto mais você envelhece tanto mais precisa das pessoas que conheceram você na juventude.

More em NY, mas mude-se antes que a cidade transforme você em uma pessoa dura.

More no norte da Califórnia, mas mude-se antes de tornar-se uma pessoa mole demais.

Viaje.

Aceite certas verdades eternas: Os preços sempre vão subir, os políticos são mulherengos.

Você também vai envelhecer, e quando envelhecer vai fantasiar que quando você era jovem, os preços eram acessíveis, os políticos eram nobres de alma e as crianças respeitavam os mais velhos.

Respeite as pessoas mais velhas, não espere apoio de ninguém, talvez você tenha uma aposentadoria, talvez tenha um cônjuge rico, mas você nunca sabe quando um ou outro pode desaparecer.

Não mexa muito com seu cabelo, senão, quando tiver com 40, vai ficar com aparência de 85.

Tenha cuidado com as pessoas que lhe dão conselhos, mas seja paciente com elas. Conselho é uma forma de nostalgia. Dar conselhos é uma forma de resgatar o passado da lata de lixo, limpá-lo, esconder as partes feias e reciclá-lo por um preço maior do que realmente vale.

Mas acredite em mim, quando falo sobre filtro solar.

(SunScreen, circulando pela internet)

O BORDADO

Quando eu era pequeno, minha mãe costurava muito. Eu me sentava no chão, brincando perto dela, e sempre lhe perguntava o que estava fazendo. Respondia que estava bordando. Todo dia eram a mesma pergunta e a mesma resposta.

Observava seu trabalho de uma posição abaixo de onde ela se encontrava sentada e repetia: "Mãe, o que a senhora está fazendo?"

Dizia-lhe que, de onde eu olhava, o que ela fazia me parecia muito estranho e confuso. Era um amontoado de nós e fios de cores diferentes, compridos, curtos, uns grossos e outros finos. Eu não entendia nada. Ela sorria, olhava para baixo e gentilmente me explicava: "Filho, saia um pouco para brincar e quando terminar meu trabalho eu chamo você e o coloco sentado em meu colo. Deixarei que veja o trabalho da minha posição".

Mas eu continuava a me perguntar lá de baixo: "Por que ela usava alguns fios de cores escuras e outros claros? Por que me pareciam tão desordenados e embaraçados? Por que estavam cheios de pontas e nós? Por que não tinham ainda uma forma definida? Por que demorava tanto para fazer aquilo?"

Um dia, quando eu estava brincando no quintal, ela me chamou: "Filho, venha aqui e sente-se em meu colo". Eu me sentei no colo dela e me surpreendi ao ver o bordado. Não podia crer!

Lá de baixo parecia tão confuso! E de cima vi uma paisagem maravilhosa!

Então minha mãe me disse: "Filho, de baixo, parecia

confuso e desordenado porque você não via que na parte de cima havia um belo desenho. Mas, agora, olhando o bordado da minha posição, você sabe o que eu estava fazendo".

Muitas vezes, ao longo dos anos, tenho olhado para o céu e dito: "Pai, o que estás fazendo?"

Ele parece responder: "Estou bordando sua vida, filho". E eu continuo perguntando: "Mas está tudo tão confuso... Pai, tudo em desordem. Há muitos nós, fatos ruins que não terminam e coisas boas que passam rápido. Os fios são tão escuros. Por que não são mais brilhantes?"

O Pai parece dizer-me: "Meu filho, ocupe-se com seu trabalho, descontraia-se, confie em Mim... e Eu farei meu trabalho. Um dia, colocarei você em meu colo e então vai ver o plano de sua vida da minha posição".

Muitas vezes não entendemos o que está acontecendo em nossas vidas. As coisas são confusas, não se encaixam e parece que nada dá certo. É que estamos vendo o avesso da vida! Do outro lado, Deus está bordando...

> (Prof. Damásio de Jesus, um dos maiores tratadistas do Direito Penal Brasileiro, com incontáveis publicações na área processual, nov. 2002).

"Entre o que acontece comigo e minha reação ao que acontece comigo, há um espaço. Nesse espaço está minha capacidade em escolher minhas respostas e definir meu destino."

> (Stephen R. Covey, Autor de
> *Os 7 hábitos das pessoas muito eficazes*)

Nenhum de nós pode escolher as coisas que nos acontecem, algumas boas, outras más. Mas todos nós podemos escolher nossa resposta às coisas que nos acontecem. Você não é prisioneiro das reações.

Algumas pessoas dizem que são muito "sensíveis", que se magoam facilmente, que se decepcionam com amigos, colegas e família, e com aquilo que outros dizem ou fazem. Essas pessoas, que se dizem "muito sensíveis", na verdade não têm muita sensibilidade.

Pessoas sensíveis (por definição) são capazes de obter uma gama maior de informações sensoriais e emocionais vindas de outros e, portanto, geralmente são muito mais compreensivas, calmas e raramente se desapontam com os comportamentos alheios, exatamente porque sua sensibilidade aguçada mostra mais do que as aparências, evitando que se desapontem. Além disso, pessoas sensíveis jamais dizem que são sensíveis.

Então o que são aquelas pessoas que a todo momento se definem como sensíveis, que ficam deprimidas por razões aparentemente pequenas e cujos dias são destruídos por uma bronca do chefe, por uma crítica dos colegas, por uma frase mal construída de um membro da família? Elas não são sensíveis?

Não. Essas pessoas são reativas — o contrário de sensíveis. Pessoas reativas não pensam. Ou melhor, pensam que pensam, quando somente reagem emocionalmente a qualquer coisa, sem refletir, sem controlar, sem observar o todo, como crianças.

Todos nós somos reativos, vez ou outra, mas conforme amadurecemos nos tornamos menos reativos e mais sensíveis, já que escolhemos nossas respostas. Quando somos crianças, simplesmente reagimos (o que é natural), por isso adultos reativos são, normalmente, acusados de um comportamento infantil e birrento.

Uma pessoa sensível (por perceber mais as informações que estão a sua volta) raramente perde o controle, mesmo quando atacada porque, sendo sensível, ela observa e e-s-c-o-l-h-e a melhor r-e-s-p-o-s-t-a. Raramente reage, como um animal faminto faria.

Você não tem o poder de escolher aquilo que lhe acontecerá hoje, amanhã ou depois. Mas você tem o poder de escolher a melhor resposta a tudo o que vai acontecer. Resposta não é reação. Reação é sinônimo de programa automático. Resposta é sinônimo de escolha.

Seja mais sensível esta semana, evitando dizer a primeira coisa que lhe venha à mente, mesmo que seja algo que você diz pra você mesmo.

Escolha as palavras, escolha os pensamentos, escolha as respostas, fugindo da armadilha que torna a vida das pessoas reativas sempre dependente de cada problema que acontece.

E observe aquelas que dizem que são "sensíveis". Olhe o comportamento dessas pessoas. Você verá que elas são completamente dependentes dos humores de outros e dos acontecimentos externos. Elas simplesmente reagem por mais que racionalizem e se enganem, afirmando que suas reações são causadas por sua suposta sensibilidade. Sempre apresentarão razões para suas dores e tristezas, mas ainda assim estarão somente reagindo.

Você tem o poder de escolher aquilo que é melhor. Você pode!

Porque, como afirma Stephen Covey: "Entre o que acontece comigo e minha reação ao que acontece comigo, há um espaço. Nesse espaço está minha capacidade de escolher minhas respostas e de definir meu destino".

(Aldo Novak)

O MESTRE E O ESCORPIÃO

Um mestre oriental viu um escorpião que se afogava. Decidiu tirá-lo da água, mas, quando o fez, o escorpião picou-o.

Como reação à dor, o mestre soltou-o e o animal caiu na água e, de novo, estava se afogando.

O mestre tentou tirá-lo outra vez, e novamente o escorpião o picou.

Alguém que tinha observado tudo aproximou-se do mestre e disse: "Perdão, mas você é muito teimoso! Não entende que cada vez que tentar tirá-lo da água, ele o picará?"

O mestre respondeu: "A natureza do escorpião é picar e isso não muda minha natureza, que é ajudar".

Então, com a ajuda de um ramo, o mestre retirou o escorpião da água e salvou-lhe a vida.

Não mude sua natureza se alguém o magoar. Apenas tome as devidas precauções.

"O tempo é algo que não volta atrás, portanto, plante seu jardim ao invés de esperar que alguém lhe mande flores."

(William Shakespeare)

NENHUMA DESCULPA É ACEITÁVEL

Da próxima vez que você achar que tem um motivo para Deus não usá-lo, lembre-se das seguintes pessoas:

- Noé foi bêbado.
- Abraão era muito velho.
- Isaac era um partidarista e até injusto.
- Jacó era um mentiroso.

- Lia era feia.
- José foi escravo e assediado.
- Moisés foi um assassino (assim como Davi e Paulo).
- Ester era órfã e prisioneira de guerra.
- Gedeão era medroso.
- Sansão tinha cabelos longos.
- Raab era prostituta.
- Davi adulterou.
- Jeremias e Timóteo eram muito jovens.
- Elias era depressivo-suicida.
- Isaías pregou nu.
- Jonas fugiu de Deus.
- Noemi era viúva.
- Jó perdeu tudo.
- João Batista comia gafanhotos.
- João era muito introspectivo.
- Os discípulos dormiram enquanto oravam.
- Marta se preocupava com tudo.
- Felipe via dificuldades.
- Maria Madalena era endemoniada.
- O garoto com os peixes e pães era desconhecido (e é até hoje).
- A mulher samaritana teve muitos homens.
- Zaqueu era muito baixo.
- Pedro era muito impulsivo.
- Marcos tinha desistido de tudo.
- Timóteo tinha úlcera de estômago.
- E Lázaro — esse, já havia até morrido.

E agora, qual é sua desculpa?!
"Deus não chama os capacitados, mas capacita os chamados."

O QUE É O AMOR?

Em uma sala de aula, havia várias crianças; uma delas perguntou à professora: "Professora, o que é o *Amor*?"

A professora sentiu que a criança merecia uma resposta à altura da pergunta inteligente que fizera. Como já estava na hora do recreio, pediu para que cada aluno desse uma volta pelo pátio da escola e trouxesse o que mais despertasse nele o sentimento de amor. As crianças saíram apressadas e, ao voltarem, a professora disse: "Quero que cada um mostre o que trouxe consigo".

A primeira criança disse: "Eu trouxe esta *flor*, não é linda?"

A segunda criança falou: "Eu trouxe esta *borboleta*. Veja o colorido de suas asas, vou colocá-la em minha coleção".

A terceira criança completou: "Eu trouxe este *filhote de passarinho*. Ele havia caído do ninho junto com outro irmão. Não é uma gracinha?"

E assim as crianças foram se colocando. Terminada a exposição, a professora notou que havia uma criança que tinha ficado quieta o tempo todo. Ela estava vermelha de vergonha, pois nada havia trazido. A professora dirigiu-se a ela e lhe perguntou: "Meu bem, por que você nada trouxe?"

E a criança timidamente respondeu: "Desculpe, professora. Vi a *flor*, e senti seu perfume, pensei em arrancá-la, mas preferi deixá-la para que seu perfume exalasse por mais tempo. Vi também a *borboleta*, leve, colorida... Ela parecia tão feliz, que não tive coragem de aprisioná-la. Vi também o *passarinho*, caído entre as folhas, mas ao subir na árvore notei o olhar triste de sua mãe, e preferi devolvê-lo ao ninho. Portanto, professora, trago comigo: o perfume da flor, a sensação de liberdade da borboleta e a gratidão que senti nos olhos da mãe do passarinho. Como posso mostrar o que trouxe?

A professora agradeceu a criança e lhe deu nota máxima, pois ela fora a única que percebera que só podemos trazer o *Amor* em nosso coração.

(Eliane de Araujoh)

▌PARÁBOLA DO CAVALO

Um fazendeiro, que lutava com muitas dificuldades, possuía alguns cavalos para ajudar nos trabalhos em sua pequena fazenda. Um dia, seu capataz veio trazer a notícia de que um dos cavalos havia caído em um velho poço abandonado.

O poço era muito profundo e seria extremamente difícil tirar o cavalo de lá. O fazendeiro foi rapidamente até o local do acidente, avaliou a situação, certificando-se de que o animal não se havia machucado. Mas, pela dificuldade e alto custo para retirá-lo do fundo do poço, achou que não valia a pena investir na operação de resgate. Tomou, então, a difícil decisão: Determinou ao capataz que sacrificasse o animal jogando terra no poço até enterrá-lo, ali mesmo.

E assim foi feito: Os empregados, comandados pelo capataz, começaram a lançar terra para dentro do buraco, de forma a cobrir o cavalo. Mas, à medida que a terra caía em seu dorso, o animal a sacudia e ela ia se acumulando no fundo, possibilitando ao cavalo ir subindo.

Logo os homens perceberam que o cavalo não se deixava enterrar, mas, ao contrário, estava subindo à medida que a terra enchia o poço, até que, finalmente, conseguiu sair!

3ª Parte

1. DINÂMICAS

A *Dinâmica de Grupo* surgiu em 1914, e foi criada pelo cientista comportamental Kurt Levy, fundamentando-se no fato de que o homem vive em grupos.

Durante muito tempo a técnica de Dinâmica de Grupo vinha sendo utilizada somente na área de treinamento, mais precisamente para integração de pessoal, psicoterapia em grupo, cooperação, liderança, iniciativa, criatividade, aquecimento etc.

Mais recentemente, o método vem sendo utilizado para seleção de pessoal, pelo fato de fornecer uma rica informação sobre o indivíduo, mesmo antes de este começar a trabalhar.

A aplicação da referida técnica não pretende dar soluções aos problemas que surgem.

A finalidade é despertar nas pessoas a consciência de que os problemas existem, e caberá à responsabilidade individual enfrentá-los e procurar as soluções que requerem.

Ao animador do grupo cabe esclarecer as situações, levar as pessoas a interiorizar seus problemas, provocar uma sincera reflexão, despertar a solidariedade grupal e ainda criar um ambiente de compreensão e de aceitação mútua, de autêntica fraternidade e de acolhida, para que cada qual, sustentando-se psicologicamente, encontre resposta positiva a suas inclinações naturais de segurança, de reconhecimento, de aceitação e de valorização pessoal.

Durante a sessão, o avaliador (ou grupo de avaliadores) deverá observar cada participante e avaliar os seguintes itens comportamentais:

- liderança;
- comunicação;
- espírito empreendedor;
- conhecimento profissional;
- cooperativismo;
- aptidão;
- personalidade;
- inteligência;
- e outros fatores variáveis.

REGRAS BÁSICAS PARA A DINÂMICA DE GRUPO

As regras abaixo devem ser entendidas de maneira flexível.

São princípios práticos de Dinâmica de Grupo, Comunicação, Criatividade e Tomada de Decisão em Grupo, que visam ajudar os participantes a atuar de maneira eficiente e eficaz e a obter maior aproveitamento.

Elas interpenetram-se e se completam. Mas não são exaustivas. O grupo pode reformulá-las ou acrescentar novas regras de acordo com suas necessidades e objetivos.

1. Durante a Dinâmica todos são iguais. Títulos, posição hierárquica, social, cultural etc. não são considerados.

2. Todos participam ativamente com oportunidade e responsabilidade iguais. Por isso, para o maior proveito pessoal e grupal, ninguém deve recusar tarefas.

3. A pontualidade e a assiduidade são compromissos assumidos com o grupo. Qualquer participante faz falta.

4. Na Dinâmica não existem erros. Tudo é aprendizagem. Saiba ouvir as avaliações sem necessidade de defesas ou justificativas.

5. Guerra ao medo do ridículo e ao medo de errar.

6. Ao avaliar, ressalte os aspectos positivos. Eles sempre existem.

7. Respeite e aproveite opiniões diferentes como fatores enriquecedores do grupo.

8. O tempo é precioso. Evite dispersões desnecessárias e procure chegar aos objetivos propostos.

9. Não faça discurso. Seja simples e objetivo.

10. Todos merecem ser ouvidos. Evite conversas paralelas.

11. Em grupo, fale de maneira clara, com o tom de voz alto, para que todos possam ouvi-lo e entendê-lo.

12. Antes de pensar em responder, saiba ouvir.

13. Antes de decidir, procure ver todas as soluções possíveis. Da quantidade surge a qualidade.

14. Aceite questionar suas posições. Quem não inovar, não sobrevive.

15. Ao discutir em grupo, defenda sua opinião com clareza, sem "fazer média", mas também sem fazer imposições.

16. Evite formas sutis de influenciar opiniões alheias ou de "manipular" o silêncio dos inibidos.

INVENTÁRIO PESSOAL: QUEM SOU EU?

1. Elabore uma lista de 20 palavras ou expressões como resposta à pergunta: **Quem sou eu?**

2. Selecione, dessa lista, as 10 palavras ou expressões que são as mais características de sua personalidade.

3. Enumere-as, então, em ordem de importância, escrevendo o n. 1 para a palavra (ou expressão) que você considera mais expressiva para descrever sua pessoa, o n. 2 para a seguinte em poder descritivo, e assim sucessivamente até o n. 10.

IDENTIFICAÇÃO TRANSPESSOAL

A. Se eu fosse um animal — que animal seria?

Por que fiz essa escolha?

B. Se eu fosse uma fruta — que fruta seria?

Por que fiz essa escolha?

C. Se eu fosse um mineral — qual seria?

Por que fiz essa escolha?

AUTÓGRAFOS

Objetivos: promover uma maior aproximação e conhecimento entre os participantes, descontrair, desenvolver a criatividade e a competitividade.
Duração: aproximadamente 45 minutos.
Material: lista de autógrafos, lápis ou caneta, para todos.
A quem se destina: grupos novos, de qualquer tamanho. A critério do facilitador pode-se adaptar os itens para:
— grupos de adolescentes/jovens, aplicando uma linguagem mais adequada;
— trabalhar enfoque de vendas ou alcance de metas;
— substituir os itens conforme o tema.
Procedimento:
— Distribuir autógrafos e caneta ou lápis para os participantes.
— Orientar que cada pessoa escolha e assine, da forma que quiser (personalizado ou escolha aleatória), 10 itens da lista que segue.

— Informar também que, após a escolha, todos irão em busca das pessoas que se enquadrem nos itens que cada um assinalou.

— Aguardar até que todos tenham concluído sua escolha; lembrar: 10 itens, nem mais nem menos.

— Vocês vão agora transformar esse ambiente em uma feira livre, bolsa de valores, torre de babel. Todos irão falar e se movimentar ao mesmo tempo.

— Para cada item assinalado, você vai perguntar para outra pessoa. Exemplo: Gosta de praia? Se a pessoa responder *sim*, você pede para ela assinar na linha correspondente. Se a resposta for *não*, você pode perguntar os outros 9 itens ou sair em busca de outra... e outra... e outra...para conseguir assinaturas.

— Uma mesma pessoa pode enquadrar-se em vários itens

— Um mesmo item pode encaixar-se em várias pessoas.

— Só é permitido usar os 10 itens assinalados.

— Não é necessário que a outra pessoa tenha assinalado os mesmos itens.

Atenção: Se o enfoque for vendas, o facilitador deve informar que cada item assinalado será um produto, onde será testada a capacidade de cada um, de vendê-lo a tantas pessoas quanto seja possível, durante o tempo determinado.

Premiar quem conseguir mais *autógrafos* ou *vendas*.

Ao final, o facilitador monitorará os comentários que julgar necessários.

1. O que você ouviu de curioso nas respostas das pessoas?
2. Houve alguém com quem você se identificou?
3. Que objetivo teve esse exercício?
4. Quem conseguiu mais autógrafos ou vendas?
5. Qual o produto mais difícil de vender?

6. Qual(is) a(s) razão(es) de algumas pessoas terem conseguido mais que as outras?

7. Quais os critérios para a escolha dos itens?

Lista de autógrafos

1. Gosta de planejar seus objetivos.
2. Costuma chegar atrasado aos compromissos.
3. Toma vinho às refeições.
4. Gasta mais de meia hora para chegar ao trabalho.
5. É assinante de jornais ou revistas.
6. É casado e tem mais de um filho.
7. Prefere "ficar" a namorar.
8. Mora em casa com quintal e muito verde.
9. Mora em apartamento.
10. Tem algum bicho de estimação.
11. Vai freqüentemente ao cinema.
12. Possui bicicleta e pedala todos os dias.
13. Viaja, por prazer, pelo menos uma vez ao ano.
14. Costuma navegar na internet.
15. Sente-se bem em fazer compras em um supermercado.
16. Curte o som dos *Beatles*.
17. Pratica caminhada.
18. Tem medo de dormir no escuro.
19. Fica muito feliz quando recebe flores.
20. Fica muito feliz quando dá flores a alguém.
21. Faz poesia quando está apaixonado(a).
22. Toca algum instrumento musical.
23. Gosta de praia.
24. Gosta de passear no shopping.
25. Filmes com histórias de amor o fazem chorar.

26. Ronca alto ao dormir.
27. Tem medo de viajar de avião.
28. Dá uns "gritinhos" quando vê uma barata.
29. Leva mais de meia hora no chuveiro.
30. Não é muito favorável ao casamento.
31. Acredita em amor à primeira vista.
32. Gosta de cantar no chuveiro.
33. Gosta de dormir à tarde.
34. Lê revistas em quadrinhos.
35. Já ficou, pelo menos uma vez, com uma grande dor de cotovelo.
36. Teve mais de sete namorados(as).

A MÁQUINA REGISTRADORA

Objetivo: Chegar a um consenso é naturalmente difícil? Em grupos indeterminados, todos devem chegar a um resultado único.

A história: Um negociante acaba de acender as luzes de uma loja de calçados, quando surge um homem pedindo dinheiro. O proprietário abre uma máquina registradora. O conteúdo da máquina é retirado e o homem corre. Um membro da polícia é imediatamente avisado.

Assinale: V = Verdadeiro
            F = Falso
            D = Desconhecido

Atenção: Solução desta dinâmica no final do livro, p. 115.

DECLARAÇÕES DA HISTÓRIA	V	F	D
1. Um homem apareceu assim que o proprietário acendeu as luzes da loja de calçados.			
2. O ladrão foi um homem.			
3. Um homem não pediu dinheiro.			
4. O homem que abriu a máquina registradora era o proprietário.			
5. O proprietário da loja de calçados retirou o conteúdo da máquina registradora e fugiu.			
6. Alguém abriu a máquina registradora.			
7. Depois que o homem pediu o dinheiro, pegou o conteúdo da máquina registradora e fugiu.			
8. Mesmo que tivesse dinheiro na máquina registradora, a história não diz a quantidade.			
9. O ladrão pediu dinheiro ao proprietário.			
10. A história registra uma série de fatos que envolvem 3 pessoas: o proprietário, um homem que pediu dinheiro e um membro da polícia.			
11. Os seguintes fatos da história são verdadeiros: alguém pediu dinheiro, uma máquina registradora foi aberta, seu dinheiro foi retirado e um homem fugiu da loja.			

O facilitador pode atrapalhar dizendo, por exemplo:
- O conteúdo da máquina será dinheiro?
- O homem que corre pode estar fazendo ginástica.
- O membro da polícia pode ser o proprietário etc.

PROJEÇÃO SENTIMENTAL

Objetivo: Promover a integração do grupo, descontrair, congraçar, desenvolver a afetividade, além de experimentar projeção de sentimentos em outra pessoa.

Duração: Aproximadamente 30 minutos para grupos de 20 pessoas.

Material: Um boneco de pelúcia.

Destinatários: Grupos que já convivem há algum tempo e tenham liberdade de se tocar e trocar carinhos.

Procedimento:
- Formar um círculo com todos os participantes do grupo, em pé.
- Colocar uma música instrumental suave.
- Entregar o boneco para um dos participantes e pedir que faça qualquer coisa com o boneco (abraçar, beijar, acariciar, bater, jogar no chão etc.).
- Avisar que cada pessoa deverá lembrar, depois, o que fez com o boneco.
- Passar o boneco para o vizinho, que repetirá de sua forma os gestos, e assim sucessivamente até o último participante.
- Recolher o boneco.
- Comunicar que cada pessoa deverá, agora, repetir o mesmo gesto que fez no boneco com o vizinho da direita, um a um.

• Observar as reações, e ouvir das pessoas os sentimentos que experimentaram vivenciando esse exercício.

▌UMA AVENIDA COMPLICADA

Sobre a avenida complicada encontram-se 5 casas, assim numeradas: 801, 803, 805, 807, 809, da esquerda para a direita. Cada casa caracteriza-se pela cor diferente, pela bebida de marca diferente, pelo proprietário que é de nacionalidade diferente, pela condução diferente, e pelo animal doméstico diferente.

Sua tarefa é colocar a avenida em ordem no menor prazo de tempo possível, usando as seguintes informações.

• As casas estão localizadas na mesma avenida e do mesmo lado.
• O mexicano mora na casa vermelha.
• O peruano tem um carro Mercedes-Benz.
• O argentino possui um cachorro.
• O chileno bebe Coca-cola.
• Os coelhos estão à mesma distância do Cadillac e da cerveja, que é a bebida da 2ª casa.
• O gato não bebe café e não mora na casa azul.
• Na casa verde bebe-se uísque.
• A vaca é vizinha da casa onde se bebe Coca-cola.
• A casa verde é vizinha da casa direita cinza.
• O peruano e o argentino são vizinhos.
• O proprietário do Volkswagen cria coelhos.
• O Chevrolet pertence à casa rosa.
• O brasileiro é vizinho da casa azul, e não toma Pepsi-cola.

- O proprietário do carro Ford bebe cerveja.
- O proprietário da vaca é vizinho do dono do Cadillac.
- O proprietário do carro Chevrolet é vizinho do dono do cavalo.

	1º	2º	3º	4º	5º
COR					
BEBIDA					
PROPRIETÁRIO					
CONDUÇÃO					
ANIMAL					

Atenção: Solução desta dinâmica no final do livro, p. 115.

A ESCOLHA

Objetivo: Desenvolver a autoconfiança, auto-estima, e possibilitar aos participantes que experimentem a sensação de rejeição ou aceitação.
Duração: Aproximadamente 50 minutos.
Material: Equipamento de som.
Destinatários: Grupos de até 30 pessoas que trabalhem juntas.
Procedimento:
A. Solicitar que os participantes formem um círculo, em pé, ficando bem separados.
B. "Eu vou precisar realizar um projeto de grande importância e estou à procura de pessoas altamente qualificadas —

competentes, proativas, inteligentes, dispostas, comprometidas, motivadas, habilidosas, ágeis... de modo que, para isso, eu gostaria de 5 voluntários que, espontaneamente, se enquadrem nessas características e se apresentem para fazer parte do grupo-piloto."

C. "Cada pessoa voluntária irá formar sua equipe, obedecendo sempre ao critério de alta performance, a partir de fatores pessoais — confiança, credibilidade, habilidade de liderança, conhecimento etc."

D. Orientar para que cada voluntário fique estrategicamente posicionado na sala — distante um do outro.

E. O primeiro voluntário deverá caminhar, silenciosamente, dentro do círculo, observando cada pessoa — só assim escolherá e convidará, em silêncio, uma outra pessoa.

F. Ficar com os braços dados, os dois, cabeças juntas.

G. O segundo voluntário repetirá o procedimento: escolher uma pessoa também ... até que todos os voluntários tenham escolhido seus parceiros.

H. Continua o processo: as pessoas escolhidas indicarão, cada uma, uma outra pessoa, formando um pequeno círculo, e assim sucessivamente.

I. Os participantes de cada círculo ficarão abraçados, ombro a ombro.

J. As demais pessoas devem permanecer em pé, no círculo, aguardando serem escolhidas.

K. As últimas pessoas devem ser convidadas a se incluir, uma em cada círculo pequeno.

L. "Vocês agora são cada grupo uma equipe completa, formada exatamente por pessoas com habilidades ideais para o desenvolvimento do projeto que nós queremos ... Representam 5 grandes áreas de nossa empresa. Aproveitem esse momento, observem-se e percebam o quanto vocês são fortes e coesos."

M. Colocar uma música ritmada, de celebração.

N. Parar em dado momento, e dar uma informação "bombástica". "Estamos em uma situação muito difícil e vamos precisar efetuar algumas mudanças — será um processo brusco de "downsizing" (leia-se *daussaizin*) — ou seja, teremos de "cortar" algumas pessoas.

O. Colocar música que caracterize momento de tensão e medo.

P. "Cada grupo (ou área da empresa) deverá eliminar uma pessoa — *não pode* ser por votação ou auto-indicação ... deve ser por *consenso* — portanto, nesse momento, cada grupo, elimine uma pessoa."

Q. Cada pessoa eliminada dos grupos será encaminhada para outra sala... Aos poucos todos os grupos vão eliminando — uma a uma — as pessoas.

R. Quando restarem apenas 2 pessoas, o facilitador informa que a empresa está voltando a se normalizar e que "vamos resgatar as pessoas que foram cortadas e que estão na sala ao lado".

S. Comunicar que a pessoa que for resgatar alguém, não deve escolher *ninguém* que tenha sido do grupo original — e *não deve* falar, apenas resgatar e começar a formar o grupo, novamente.

T. Quando faltarem poucas pessoas para serem resgatadas, o facilitador escreve no quadro os nomes das pessoas que estão na outra sala.

U. Orientar que cada grupo escolha uma pessoa da lista do quadro.

V. Sugerir, em seguida, que todos os grupos, *ao mesmo tempo*, invadam a sala, com uma efusiva alegria e cada grupo resgate sua pessoa escolhida e a traga de volta, da forma que quiser (pode ser nos braços).

X. Colocar alguma música dançante e proporcionar alguns minutos de celebração.

Proceder todos os comentários possíveis:
1. Como vocês se sentiram durante esta vivência?
2. Qual a sensação de não ser escolhido de imediato?
3. Qual a sensação de ser escolhido de imediato?
4. Como foi realizado o processo de exclusão?
5. Como foi ser resgatado?

CORRIDA DE VELEIROS

A piscina infantil no parque da vizinhança da floresta verde é muito freqüentada pelas crianças da região. Na tarde do sábado passado, cinco meninos chegaram por volta da mesma hora, cada um deles trazia um barco a vela. Dentro de minutos, eles organizaram uma corrida de veleiros.

Baseado nos seguintes dados, você deve descobrir o nome completo de cada menino, a cor de sua camisa, a cor de seu veleiro e a ordem de chegada na corrida.

• O barco de Justino Vieira terminou a corrida antes do barco que pertence ao menino da camisa azul, que chegou imediatamente antes do barco amarelo.

• Esses três colocados, primeiro, segundo e terceiro, não necessariamente nesta ordem, eram Silvio, o menino da família Eiras e o menino do barco vermelho.

• Os três concorrentes que chegaram nos últimos lugares, mas não necessariamente nesta ordem, eram: Davi, o menino da camisa verde e o menino do barco verde.

• Alguns meninos vestiam a camisa da mesma cor do barco; sequer duas camisas eram da mesma cor.

• Justino e o menino Martins usavam cada um a camisa que era da mesma cor de seus próprios barcos. O

barco de Justino foi mais veloz do que o barco do menino da família Martins.
- O barco de Tim e a camisa do menino Lourenço eram da mesma cor.
- O barco de Marcos e a camisa do menino Barros eram da mesma cor.
- Tim não é da família Barros e o seu barco não era vermelho.
- O barco de Marcos não era o verde, nem o laranja, e ele não foi o último colocado.

NOME	SOBRENOME	CAMISA	VELEIRO	ORDEM

Atenção: Solução desta dinâmica no final do livro, p. 115.

VOCÊ É DISCIPLINADO?
Lista de instruções

O tempo está passando... seja rápido; porém, leia tudo antes de executar qualquer tarefa. Lembre-se, seja rápido.

1. Disciplina e perseverança são a chave do sucesso.
2. Escreva seu nome, sublinhado, no alto desta folha à direita.
3. Levante-se de sua cadeira e dê *dez passos* bem espaçados, aqui dentro da sala.
4. Volte para sua cadeira e desenhe, no verso desta folha, uma casa e uma árvore.
5. Fique de pé, em cima de sua cadeira, e pronuncie, bem alto, seu nome.
6. Troque de lugar com outra pessoa, de preferência que não esteja perto de você.
7. Dê um abraço em você mesmo e diga: "Eu me amo".
8. Agora, fique, durante aproximadamente vinte segundos, de olhos fechados, em atitude de reflexão.
9. Abra os olhos, fique de pé, jogue suas mãos para o alto, e grite: "Sou uma pessoa feliz".
10. Faça dupla com outra pessoa e cante: "Atirei o pau no gato".
11. Dê uma volta na sala, andando de costas.
12. Faça a oração do "Pai-nosso", com as mãos postas (palma com palma), até o trecho "... assim na terra como no céu".
13. Suba em sua cadeira, finalmente, e grite: "Eu sou demais".
14. Agora que você acabou de ler todas as questões, execute apenas a número dois. Parabéns?

ABC AERÓBICO

Objetivos:
1. Percepção visual
2. Concentração
3. Sincronia
4. Descontração
5. Energização

Material necessário:
Uma folha previamente preenchida com o alfabeto, como a seguir:

A d	B e	C j	D j	E e	F d
G e	H j	I d	J d	K e	L j
M e	N j	O e	P d	Q e	R j
S e	T e	U j	V d	W j	X j
Y e	Z d				

Tempo estimado: Trinta minutos para um grupo de 15 pessoas, em média.

Desenvolvimento: O *flip chart* (bloco de cavalete) com a folha contendo as inscrições é colocado diante dos participantes, que se colocam em filas, como em uma aula de aeróbica. O facilitador ensina a coreografia, enfatizando que os passos estão descritos na folha, bastando acompanhar. As pessoas vão recitando/gritando o som das letras enquanto executam os gestos.

Após a primeira "dança", um voluntário dirige a segunda "rodada" e assim sucessivamente, enquanto quiserem dirigir.

Comentários: Alguns já conhecem o processo; pede-se que não o tragam de imediato, deixando um pequeno período para ver se os demais se dão conta de onde fica a chave para a "coreografia correta". Caso ninguém descubra, o facilitador mostra e torna a oferecer uma oportunidade para que o grupo todo tente outra vez.

A indicação da coreografia está nas letras menores, abaixo da seqüência do alfabeto. Assim:

A (d) – braço direito estendido

B (e) – braço esquerdo estendido

C (j) – os dois braços juntos para a frente, e assim sucessivamente.

A MULHER DO CAIXEIRO-VIAJANTE

Objetivos: Possibilitar ao grupo momentos de reflexão sobre preconceitos e percepção.
Duração: Aproximadamente vinte minutos.
Material: Texto: "A história da mulher do caixeiro-viajante".
Destinatários: Quaisquer grupos, desde que se estejam desenvolvendo temas afins.
Procedimentos:
   a. Distribuir o texto: "A história da mulher do caixeiro-viajante".
   b. Solicitar que alguém do grupo efetue a leitura.
   c. Levantar o questionamento: "Quem é o responsável pela morte da mulher?"

Normalmente, por ser um tema polêmico, que provoca discussões sobre valores morais, ética, preconceitos, dificilmente se consegue chegar a um veredicto ou conclusão de consenso.

A História da Mulher do Caixeiro-Viajante

Era uma vez um caixeiro-viajante que, por conta de seu trabalho, passava vários dias e até meses fora de casa. Por esse motivo, sua mulher sentia-se muito solitária. Um dia, chegou à cidade um visitante que já conhecia a mulher do caixeiro e a convidou para sair. Uma vez que o marido era muito ciumento, a mulher relutou em aceitar o convite do amigo, porém, em seguida, saiu com ele.

Entraram em um barco, atravessaram o rio que cortava o lugarejo e foram para um lugar conversar. Durante algum tempo, conversaram bastante e, quando ela percebeu, já era tarde e perto da hora de o marido chegar. Atordoada, saiu às pressas; na margem do rio, deu-se conta de que não dispunha de dinheiro para pagar a passagem de volta. Explicou o problema ao moço do barco e este não fez nenhum acordo no sentido de transportá-la.

Sobre o rio havia uma ponte. Bem no meio da ponte, vivia um doido que atirava, rio abaixo, as pessoas que por ali passavam. Não tendo outra alternativa, a mulher resolveu atravessar a ponte e o doido a atirou rio abaixo. Então, ela morreu.

DESCOBERTA DO OUTRO

Objetivos:
a) Aprofundar as relações entre os participantes de um grupo;
b) Eliminar o preconceito ocasionado pelas "primeiras impressões".

Destinatários: Esta é uma dinâmica para grupos de pessoas que já convivem e que tenham algum vínculo afetivo.

Tempo previsto: Aproximadamente, uma hora e meia (para grupos de até vinte pessoas).

Material utilizado: Pequenas papeletas contendo perguntas (ou pode ser utilizado papel *flip chart* ou quadro de giz).

Procedimentos: O facilitador deverá explicar, de forma generalizada, o que será a dinâmica; em seguida, dividir o grupo em pequenos subgrupos (6 a 7 participantes). Durante, aproximadamente, quarenta e cinco minutos os subgrupos responderão às perguntas abaixo — entre si —, de modo que cada membro possa perguntar, responder e verbalizar sua opinião a respeito do outro:

a) Como eu vejo você?
b) Como eu penso que você me vê?
c) Como realmente você me vê?

Este é, também, um exercício de feedback entre os participantes. Aconselha-se que após os primeiros quarenta e cinco minutos, cada pessoa fique a sós consigo para refletir sobre o que ouviu a seu respeito.

• Para esse momento de reflexão individual, o grupão volta a reunir-se para comentários e reflexões:

a) Qual foi seu sentimento ao ouvir o que o outro pensa a seu respeito?

b) Que postura você poderá adotar a partir deste exercício?

TROCA DE UM SEGREDO

Objetivo: Criar maior habilidade de empatia entre os participantes do grupo.

Tamanho do grupo: 25 a 30 participantes.

Tempo requerido: 45 minutos aproximadamente.

Material usado: Lápis e papeletas.

Ambiente físico: Uma sala com carteiras.

Processo:

• O animador distribui uma papeleta para cada membro participante.

• Os participantes deverão descrever, na papeleta, uma dificuldade que sentem no relacionamento, e que não gostariam de expor oralmente.

• O animador recomenda que todos disfarcem a letra, para não revelar o autor.

• O animador solicita que todos dobrem a papeleta de forma idêntica e, uma vez recolhida, misturará e distribuirá uma papeleta dobrada para cada participante.

• A seguir, o animador recomenda que cada qual assuma o

problema que estiver na papeleta, como se fosse ele mesmo o autor, esforçando-se por compreendê-lo.

• Cada qual, por sua vez, lerá em voz alta o problema que estiver na papeleta, usando a 1ª pessoa "eu" e fazendo as adaptações necessárias, dando a solução.

• Ao explicar o problema aos outros, cada qual deverá procurar personalizá-lo.

• Não serão permitidos debate, nem perguntas sobre o assunto, durante a exposição.

• No final, o animador poderá liderar o debate sobre as reações, formulando as seguintes perguntas:

— Como você se sentiu ao descrever seu problema?
— Como se sentiu ao explicar o problema de um outro?
— Como se sentiu quando seu problema foi relatado por um outro?
— Em seu entender, o outro compreendeu seu problema?
— Conseguiu pôr-se em sua situação?
— Você sentiu que compreendeu o problema da outra pessoa?
— Como você se sentiu em relação aos outros membros do grupo?
— Mudaram seus sentimentos em relação aos outros, como conseqüência deste exercício?

CARACTERÍSTICAS DE UM LÍDER

Objetivos:
— Comparar os resultados de uma decisão individual com uma decisão grupal.
— Explorar valores que caracterizam um líder.

Tamanho do grupo: 6 a 12 participantes em cada subgrupo, sendo possível orientar vários subgrupos, simultaneamente.

Tempo exigido: Aproximadamente 1 hora.
Material:
— Uma cópia das características de um líder, conforme consta no final deste exercício, para cada participante.
— Lápis ou caneta para cada participante.
Ambiente físico: Uma sala, suficientemente ampla, com cadeiras, para acomodar todos os participantes.
Processo:
O animador, caso o número de participantes seja acima de 12 pessoas, formará subgrupos para facilitar o trabalho, distribuirá uma cópia das características de um líder.

A seguir, todos procurarão tomar uma decisão individual, procurando seguir as instruções que se encontram na folha que receberam.

Durante aproximadamente 10 minutos, todos procurarão fazer a seleção das características, colocando-as em ordem de prioridade.

Uma vez terminado o trabalho individual, o animador determina que se tome uma decisão em grupo. Em cada subgrupo se fará a indicação de um relator, a quem cabe anotar a decisão do grupo, para posteriormente ser relatada no plenário. Durante aproximadamente 30 minutos processa-se então a discussão grupal, em torno da classificação das características de um líder.

Em uma discussão final, todos os relatores dos subgrupos apresentam em plenário o resultado da decisão do grupo.

Relação das características de um líder

Instruções:
Abaixo há uma lista de 12 características de um líder. Seu trabalho será enumerar essas características, colocando:

— n. 1, para aquela característica que em seu entender é a mais importante,
— n. 2, para a segunda característica mais importante,
— até o n. 12, para aquela que em seu entender é menos importante para um líder.

Decisão (individual e grupal):
- mantém a ordem durante todo o tempo da reunião;
- é amigo e sociável;
- tem idéias novas e interessantes: é criativo;
- sabe escutar e procura compreender as outras pessoas;
- é firme e decidido, não hesita;
- admite abertamente seus erros;
- procura fazer-se entender a todos;
- promove oportunidade para que todos os membros ajudem na solução dos problemas;
- sabe elogiar com freqüência e raras vezes critica de forma negativa;
- gosta de conciliar;
- segue rigorosamente as regras e os procedimentos;
- nunca manifesta rancor e insatisfação.

O QUE ME MOTIVA É...

Objetivos: Integração, autoconhecimento e reflexão sobre motivadores.

Procedimentos: Diga ao grupo uma série de frases, em que os participantes deverão escolher as que fazem mais sentido para cada um.
Sinto-me motivado quando:

- sou desafiado;
- sou elogiado;
- sou reconhecido por minhas qualidades;
- percebo que errei e quero corrigir;
- recebo bronca de meu chefe;
- estou em ambiente agradável e alegre;
- alguém me ajuda no que preciso;
- estou sozinho e sem barulho;
- penso em meus futuros ganhos;
- penso que estou aprendendo;
- penso no que vou conseguir no futuro;
- sei que estou fazendo certo;
- venço minhas dificuldades;
- confio em minha chefia.

Cada um escolhe as frases que mais dizem respeito a si mesmo e depois compartilha em dupla e com o grupo todo, tentando chegar aos principais motivadores para a maioria das pessoas.

SOLUÇÃO CRIADORA DE UM PROBLEMA

Objetivos:
— Observar atitudes dos grupos na solução de um problema;
— explorar influências interpessoais na solução de um problema.

Tamanho do grupo: 25 a 30 pessoas, sendo possível a formação de subgrupos de 5, funcionando simultaneamente.

Tempo requerido: 30 minutos, aproximadamente.

Material exigido: Papel e lápis ou caneta.

Ambiente físico: Uma sala suficientemente ampla para acomodar todos os subgrupos ao mesmo tempo.

Processo:
— O animador esclarece que se trata da solução criadora

de um problema, para o qual deve ser procurado um consenso. Todos deverão prestar atenção sobre o processo da discussão, pois no final será analisado pelo grupo.

— A seguir, o animador expõe o problema a ser solucionado pelos subgrupos, durante 10 minutos:

"Anos atrás, um mercador londrino teve o azar de ficar devendo uma grande soma de dinheiro a outra pessoa, que lhe fez um empréstimo. O credor encantou-se pela jovem e linda filha do mercador. Propôs-lhe então um acordo. Disse que cancelaria sua dívida, se pudesse desposar-lhe a filha. Tanto o mercador quanto sua filha ficaram apavorados. Aí o credor propôs que se deixasse a solução do caso à Providência. Para tal, sugeriu colocarem uma pedra preta e outra branca dentro de uma bolsa, e a moça deveria então retirar uma das pedras. Se retirasse a pedra preta tornar-se-ia sua esposa e a dívida de seu pai seria cancelada. Se retirasse a pedra branca, permaneceria com o pai e mesmo assim a dívida seria perdoada. Mas, recusando-se a retirar a pedra, o pai seria atirado na prisão e ela morreria de fome. O mercador concordou, embora constrangido. Eles estavam em um caminho cheio de pedras, no jardim do mercador. O credor abaixou-se para apanhar as duas pedras e, ao fazê-lo, apanhou duas pedras pretas e colocou-as na bolsa do dinheiro, o que foi visto pela moça. Pediu então à moça que retirasse a pedra que indicaria não só sua sorte, como também a de seu 'pai'".

Cabe então ao grupo descobrir a solução que a moça encontrou para poder continuar em companhia do pai e ter a dívida cancelada.

- Após 10 minutos, o animador pede aos subgrupos que apresentem a solução encontrada e solicita que expliquem o processo usado para chegar a tal conclusão.
- Enquanto todos não tiverem encontrado a solução, pode-se continuar o trabalho, ficando os subgrupos, que terminaram como observadores, sem interferir nos debates.

• A seguir, forma-se o plenário para comentários sobre o comportamento dos membros no grupo de discussão, focalizando as atitudes de: membros que pouco participaram; pessoas que dificilmente aceitaram as idéias dos outros; elementos que ficaram nervosos e inseguros durante o debate; demonstração de inibição etc.

Atenção: Solução desta dinâmica no final do livro, p. 116.

PALITOS

Objetivos: Exercitar a liderança, a comunicação, iniciar a criatividade, quebrar paradigmas.

Duração: Aproximadamente 60 minutos.

Material: Palitos de fósforos equivalentes a trinta unidades por subgrupo.

Procedimentos:

a) Dividir o grupo em subgrupos de quatro pessoas.

b) Nomear cada participante de cada subgrupo com as seguintes designações: 1 será o instrutor-líder, 2 serão operativos e 1 será fiscal-auditor.

c) Distribuir (20) vinte palitos para cada subgrupo.

d) Só o instrutor-líder tem permissão para falar, os operativos apenas cumprirão as instruções sem falar (deverão estar de olhos vendados), e o fiscal-auditor deverá ficar observando se o trabalho está correndo bem.

e) O fiscal-auditor será sempre de outros grupos (ou seja, estará em grupos trocados).

f) Estabelecer o tempo de dez minutos para cada participante exercer sua função como treino, trocando-se as funções de cada um e sem venda nos olhos.

g) O instrutor-líder deverá orientar os operativos na construção de uma "fogueira" (quatro palitos empilhados sobre outros quatro, cruzados e, assim, sucessivamente, até chegar ao topo e terem se esgotado os palitos ou o tempo de execução).

h) No início da realização pode-se pedir para os operativos vendarem seus olhos e começarem o trabalho.
i) Inverter os papéis e repetir os procedimentos.
j) Direcionar os comentários, observações e aprendizados.

Contagem de pontos: Antes de se iniciar propriamente o jogo, cada líder deverá fazer uma aposta de quantos palitos seus dois operativos conseguirão erguer na fogueira. Se seus operativos conseguirem menos do que o apostado, conta-se como zero pontos. Se a contagem for correta, o grupo ganha o número de pontos equivalente à aposta e se exceder a aposta, o grupo ganha o número apostado, acrescido de 0,5 ponto a mais para cada palito que ultrapassou.

Trocam-se as funções e fazem-se outras apostas. Pode-se pedir também que a mão seja dominante e depois sua oposta.

Regras básicas: os palitos da primeira fileira de quatro podem encostar-se no chão, os das demais fileiras não.

DIZENDO O QUE SINTO

Objetivos: Comunicação verbal e não-verbal, consonância entre discurso e ação, percepção. Aplicável para treinamentos e não para seleção, devido a seu alto nível de exposição.

Dinâmica: Habilidade livre para quem quiser treinar a comunicação e se apresentar para a platéia, encenando.

Procedimento: O facilitador solicita ao grupo que dê exemplos de comunicação não convincentes, isto é, onde já viram alguém falando uma coisa e demonstrando corporalmente outra. Enfatiza que o tom de voz também é um indicador da adequação do sentido, e o quanto é importante adotar um estilo, uma tonalidade adequada para cada situação.

A seguir, distribuiem-se os cartões contendo o tom de voz que cada um deverá imprimir a sua fala, pedindo que não os mostrem aos colegas. Simultaneamente, entrega-se um pequeno texto para ser lido de acordo com o prescrito no cartão recebido. Os demais colegas tentam identificar qual o tom de voz utilizado. Depois que todos se apresentam é analisada a eficácia de uma comunicação dada sem sentir, efetivamente, o que está sendo dito.

Sugestões de entonações

- Político discursando em campanha eleitoral.
- Pessoa muito chateada.
- Mãe consolando o filho que acabou de cair e está chorando.
- Juiz lendo sentença de condenação no tribunal.
- Chefe autoritário passando uma repreensão.
- Avó lendo uma história para o neto dormir.
- Alguém super-ansioso, pedindo socorro.
- Pessoa muito compreensiva, disposta a perdoar tudo.

Sugestões de textos

1. Chamei-te para termos uma conversa em particular. Há tempos venho observando teu desempenho no trabalho e gostaria de reconhecer isso. Bem sabes, não temos aqui um sistema de remuneração por produtividade, mas quero que saibas que sei de tua dedicação e de teu senso de responsabilidade.

Quero saber se tens a intenção de aceitar um cargo de chefia em outro setor e se isso te traria satisfação, além da diferença salarial, é claro.

2. Olha, temos de conseguir um ponto de equilíbrio em tua fala. Este teu tom é muito favorável em situação onde se reúnem mais pessoas, em festividades etc. Gosto dele. Tua fala é gostosa de ouvir. Agora aqui, com a característica de nosso trabalho, fica difícil o pessoal se concentrar quando alguém fala alto. Achas que vais conseguir diminuir o tom? Eu estou apostando nisso, por todos.

3. Não está sendo agradável te dizer isto e espero que possas entender. O gerente não liberou teu pedido de dispensa e vais ter de trabalhar na sexta-feira, apesar do feriado na quinta. Ele argumentou sobre a necessidade de entregar o produto ao cliente ainda nesta semana e vai precisar de todos para que isso seja possível. Agora, ele acenou com a possibilidade no próximo fim de semana ou de outro feriadão, se quiseres. Ele garante. Espero que entendas que és importante aqui conosco, precisamos de tua participação!

4. Fulana, há tempos estamos conversando sobre mudanças no cenário empresarial, não é? E tenho comentado sobre a necessidade de enxugarmos o quadro de pessoal... Quero te dizer que sempre acreditei em teu potencial e sei de tua capacidade, só que, neste momento, infelizmente, a política é demitir os detentores dos salários mais altos e o teu é um deles. Vais ser desligada a partir do dia 15 deste mês. Quero ver contigo alternativas. Já pensastes nesse tempo em que estivemos conversando, sobre outras áreas ou ramos de atividades em que gostarias de atuar? Quero te ajudar no que for possível para um bom encaminhamento. Bola pra frente!

LEILÃO DE VIDA
Participação: 5.000 unidades de energia

Você deve distribuir as 5.000 unidades (toda a sua vida), e depois em plenário explicar suas escolhas.

1. Você receberá mensalmente uma verba que cobrirá suas despesas de forma a proporcionar-lhe uma vida tranqüila, sem luxo, nos próximos 20 anos.

2. Você será conhecido(a) internacionalmente e terá a oportunidade de trabalhar no exterior com grandes compensações financeiras.

3. Você receberá um iate totalmente equipado e com ele dará a volta ao mundo.

4. Você poderá viver em uma ilha particular em contato com a natureza, com um acompanhante a sua escolha.

5. Você será eleito para um cargo público e desenvolverá carreira política de sucesso.

6. Você será levado(a) ao topo de sua carreira e nela permanecerá até a aposentadoria.

7. Você receberá a medalha olímpica na modalidade de sua preferência e subirá ao pódio, ao som do hino de seu país, em transmissão pela TV e pela internet.

8. Você terá reconhecimento profissional e será respeitado(a) pelo trabalho desenvolvido em seu campo.

9. Você terá o poder de encontrar um amigo, uma pessoa em quem confie e com quem compartilhe os bons e maus momentos.

10. Você desenvolverá um projeto de tecnologia de ponta que terá grandes aplicações no mundo das comunicações.

11. Você terá o poder de encontrar o amor verdadeiro e com ele viver o resto de seus dias.

12. Você será capaz de trazer a felicidade para uma criança ou jovem que perdeu a alegria de viver.

13. Você terá o poder de desenvolver um trabalho ecológico que será de suma importância para a salvação do planeta.

14. Você terá o poder de acabar com o tráfico de drogas e sua influência na juventude.

15. Você descobrirá a cura para uma doença que tem afetado a humanidade de forma epidêmica.

16. Você terá o poder de estabelecer o equilíbrio emocional em sua casa, em seu trabalho e em outros ambientes que achar necessário.
17. Você desenvolverá um trabalho científico capaz de acabar com a fome de nosso mundo.
18. Você terá o poder de interferir diretamente nas negociações entre os países e estabelecer a paz mundial.

NAUFRÁGIO

Após um naufrágio, as sete pessoas abaixo ficaram flutuando; você está em um barco, e pode salvar apenas três, sabendo que alcançarão uma ilha desconhecida, onde é pouco provável serem encontrados.

Quem você vai salvar? Por quê?

1. Um matemático (26 anos), bastante criativo e inteligente, mas atacado de alucinações homicidas.
2. Um homossexual (43 anos), musicista de talento, mas extremamente vaidoso.
3. Um experiente marinheiro (40 anos), muito ágil e forte, mas excessivamente egoísta e apenas preocupado consigo mesmo.
4. Uma prostituta (40 anos), muito alegre e brincalhona, mas com um problema de baixíssimo QI.
5. Um sacerdote (78 anos), muito animado, bondoso e que adora viver.
6. Um brilhante advogado (31 anos), que deverá aguardar julgamento por processo de tentativa de assassinato da esposa.
7. Um alcoólatra (36 anos), que foi um grande gênio da química, mas por uma desilusão amorosa se entregou à bebida.

O ESPELHO

Participantes: 10 a 20 pessoas.
Tempo estimado: 30 minutos.
Modalidade: Valorização pessoal.
Objetivo: Despertar para a valorização de si. Encontrar-se consigo e com seus valores.
Material: Um espelho escondido dentro de uma caixa, de modo que ao abri-la o integrante veja seu próprio reflexo. Descrição: O coordenador motiva o grupo: "Cada um pense em alguém que lhe seja de grande significado. Uma pessoa muito importante para você, a quem gostaria de dedicar a maior atenção em todos os momentos, alguém que você ama de verdade... com quem estabeleceu íntima comunhão... que merece todo o seu cuidado, com quem está sintonizado permanentemente... Entre em contato com essa pessoa, com os motivos que a tornam tão amada por você, que fazem dela o grande sentido de sua vida..."

Deve ser criado um ambiente que propicie momentos individuais de reflexão, inclusive com o auxílio de alguma música de meditação. Após esses momentos de reflexão, o coordenador deve continuar: "... Agora vocês vão encontrar-se aqui, frente a frente com essa pessoa que é o grande significado de sua vida".

Em seguida, o coordenador orienta para que os integrantes se dirijam ao local onde está a caixa (um por vez). Todos devem olhar o conteúdo e voltar silenciosamente para seu lugar, continuando a reflexão sem se comunicar com os demais. Finalmente é aberto o debate para que todos partilhem seus sentimentos, suas reflexões e conclusões sobre essa pessoa tão especial. É importante debater sobre os objetivos da dinâmica.

2. SOLUÇÕES DE ALGUMAS DINÂMICAS APRESENTADAS

A máquina registradora *(p. 89)*

3 = F
6 = V
As outras opções são desconhecidas.

Uma avenida complicada *(p. 92)*

	1º 801	2º 803	3º 805	4º 807	5º 809
Cor	Verde	Cinza	Vermelho	Azul	Rosa
Bebida	Uísque	Cerveja	Pepsi	Coca	Café
Proprietário	Peruano	Argentino	Mexicano	Chileno	Brasileiro
Condução	Mercedes	Ford	Volks	Cadillac	Chevrolet
Animal	Gato	Cachorro	Coelho	Cavalo	Vaca

Corrida de veleiros *(p. 96)*

NOME	SOBRENOME	CAMISA	VELEIRO	ORDEM
Davi	Martins	Laranja	Laranja	5º
Justino	Vieira	Vermelho	Vermelho	2º
Marcos	Lourenço	Verde	Amarelo	4º
Silvio	Barros	Amarelo	Azul	1º
Tim	Eiras	Azul	Verde	3º

Solução criadora de um problema *(p. 106)*

A moça do conto meteu a mão na bolsa e retirou uma pedra. Antes, porém, de olhá-la, desajeitada, deixou-a cair no caminho onde ela logo se perdeu no meio das outras pedras.

BIBLIOGRAFIA

Livros

ALBIGEROR E ROSE Militão. *Jogos, dinâmicas e vivências grupais*. Qualimark.
FELÁ MOSCOVICI. *Desenvolvimento interpessoal*. Olimpo.
SILVIO JOSE FRITZEN. *Janela de Johari*. Vozes.
MARIZA JALOWITZKI. *Jogos, técnicas e vivência nas empresas*. Madras.
EUNICE MENDES E L. C. A. JUNQUEIRA. *Comunicação sem medo*. Gente.

Filmes recomendados

Tenha a atitude de aprender sempre. Commit.
A janela de Johari. Siamar.
Lideranças de equipes. Link Quality.
O desafio da liderança. Siamar.
Um impulso para as águias. Siamar.

ÍNDICE

Introdução 5

1ª Parte
1. Relações interpessoais 9
   O que é comunicação? 12
   O poder da palavra 13
   Eu x os outros 15
2. Papéis construtivos e não-construtivos 17
   Por que não ao "não" e à linguagem negativa? 20
   Exercício 24
   A janela de Johari 25
   O feedback de qualidade deve ter 30
   Fatores que prejudicam o feedback 32
3. Quem é o facilitador de grupo? 37
   Requisitos básicos para o bom desempenho do facilitador ... 38
   O que observar nas equipes 40
   A crítica é útil? 44
   Não cometa erros ao criticar 45

2ª Parte
1. Contos e metáforas 49
   Meus dois cachorros 49
   Sua importância... 49
   O caldeireiro 51
   O galo angustiado 52
   Aprendendo com as águias 55
   O pote rachado 56
   A diferença entre o céu e o inferno 57
   O samurai 59
   O sonho de Svetlana 60
   Coisas normais... 61
   O nó do afeto 65
   Você faria o que Deus fez? 67
   Filtro solar 71

O Bordado 74
O mestre e o escorpião 78
Nenhuma desculpa é aceitável 78
O que é o amor? 80
Parábola do cavalo 81

3ª Parte
1. Dinâmicas 83
Regras básicas para a dinâmica de grupo 84
Inventário pessoal: quem sou eu? 85
Identificação transpessoal 86
Autógrafos 86
A máquina registradora 89
Projeção sentimental 91
Uma avenida complicada 92
A escolha 93
Corrida de veleiros 96
Você é disciplinado? 97
ABC aeróbico 98
A mulher do caixeiro-viajante 100
Descoberta do outro 101
Troca de um segredo 102
Características de um líder 103
O que me motiva é... 105
Solução criadora de um problema 106
Palitos 108
Dizendo o que sinto 109
Leilão de vida 111
Naufrágio 113
O espelho 114
2. Soluções de algumas dinâmicas apresentadas ... 115

Bibliografia 117

Editoração, impressão e acabamento
GRÁFICA E EDITORA SANTUÁRIO
Rua Pe. Claro Monteiro, 342
Fone 012 3104-2000 / Fax 012 3104-2036
12570-000 Aparecida-SP